Andrea Römmele
Zur Sache!

W0040049

 aufbau

ANDREA RÖMMELE

Zur Sache!

**Für
eine neue Streitkultur
in Politik
und Gesellschaft**

 aufbau

ISBN 978-3-351-03779-6

Aufbau ist eine Marke der Aufbau Verlag GmbH & Co. KG

1. Auflage 2019

© Aufbau Verlag GmbH & Co. KG, Berlin 2019

Satz LVD GmbH, Berlin

Druck und Binden CPI books GmbH, Leck, Germany

Printed in Germany

www.aufbau-verlag.de

Inhalt

Vorwort

Als Wissenschaftlerin ein meinungsstarkes Buch zu schreiben, ist nicht ohne. Man begibt sich auf unsicheres Terrain. Man verlässt das bequeme »Sowohl-als-auch« des Elfenbeinturms und muss Farbe bekennen. Aber in politisch so bewegten Zeiten wie diesen ist es ein Stück weit unsere Pflicht, dies zu tun. Es ist auch Aufgabe der Politikwissenschaft, Anregungen auf die großen, aktuellen Fragen zu geben. Dafür gilt es auch hin und wieder den Boden der »reinen« Wissenschaft zu verlassen und mit ungewöhnlichen Methoden nach Antworten zu suchen. Für dieses Projekt hätte ich mir kein besseres Umfeld als die Hertie School of Governance vorstellen können – mein akademisches Zuhause. Dieser intellektuelle »Hotspot«, die immer unterstützenden Kollegen, inspirierende Studenten und Mitarbeiter.

Mein großer Dank gilt dem Dahrendorf-Team an der Hertie School of Governance und an der London School of Economics and Political Science. Der Mut zu diesem Buch kam vor allem aus diesem Kreis. Besonders hervorheben möchte ich Nils Napierala, der mich tatkräftig bei der Recherche und beim Schreiben unterstützt hat. Dank auch an Hanna Leitgeb fürs »Dranbleiben« und an Franziska Günther und Johanna Links für die wunderbare Betreuung beim Aufbau Verlag. Zwei Kollegen möchte ich besonders hervorheben: Svenja Falk und Stefan Schirm, die mich bei der Konzeption und beim Aufbereiten des Buches vor manchen Irrwegen bewahrt haben!

Ich habe schon immer gerne debattiert und mich politisch gestritten. Den Grundstein dazu hat mein Vater gelegt. Die Auseinandersetzungen mit ihm über die Pershing-II-Raketen und ihre Stationierung auf der Schwäbischen Alb (gegen die ich mich als Teenager massiv und vehement und überhaupt gewehrt habe) haben mich nachhaltig geprägt. Unsere gemeinsamen Fahrten auf die Schwäbische Alb – er natürlich für die Stationierung, ich dagegen – waren legendär und haben mich politisiert.

Danken möchte ich meiner Familie. Sie ist mein Rückhalt und mein Zentrum – ohne euch in Stuttgart, Mannheim, Hofheim und im Sauerland wäre nicht nur dieses Buch nicht entstanden. Widmen möchte ich es meinen Lieben, den »drei Hesse'n«, Christian, Hanna und Lennard.

Streit und Demokratie – wie geht das zusammen?

Streit – eines der Themen, zu denen jeder etwas sagen kann. Sobald wir lernen zu sprechen, beginnen wir zu streiten. Das Kind möchte sein Spielzeug nicht teilen, der Jugendliche abends länger unterwegs sein und der Partner gerne ein anderes Sofa. Uns fallen tausend Gründe ein, warum wir uns streiten. Mit Ratgeberliteratur über »richtiges« Streiten ließen sich ganze Bibliotheken füllen.

Auch dieses Buch widmet sich dem Streit. Aber anders. Streit, der nicht Schlafenszeiten und Möbeldesign zum Thema hat, sondern darüber entscheidet, wie sich unsere Gesellschaft entwickelt. Politischer Streit also. Der politische Streit wird immer in Form der Debatte ausgetragen. Sie ist eine mehr oder weniger formalisierte Form des Streits und wird in den meisten Fällen öffentlich ausgetragen. Dabei wird nicht neutral diskutiert, sondern es bestehen klare Haltungen, die von den verschiedenen Streitenden vertreten werden. Ich behaupte, dass wir die Bedeutung von politischem Streit unterschätzen und ihn viel zu schnell als Störfaktor betrachten. Als etwas, das uns aufhält, Beschlüsse verzögert und am Ende Entscheidungen angeblich verwässert. Dabei brauchen wir ihn unbedingt und müssen ihn als Teil der demokratischen Errungenschaften neu zu schätzen lernen. Wir beobachten näm-

lich seit einiger Zeit, wie sich die Streit- und Debattenkultur fundamental verändert und der politische Streit als
gestaltendes Element unserer Demokratie massiv an Bedeutung verliert. Die inhaltliche Auseinandersetzung tritt
zurück und der Streit wird als Instrument der Selbstdarstellung missbraucht.

Nirgends lässt sich das so eindrücklich beobachten wie
in den USA. Der amtierende US-Präsident Donald Trump
ist die lebende Antithese zu diesem Buch. Er hat kein Interesse an der inhaltlichen Auseinandersetzung, sondern
schürt Konflikte einzig und allein zu dem Zweck, seine
Macht zu festigen. Die *New York Times* hat eine gigantische Webseite geschaffen, auf der sie alle Personen, Orte
und Dinge sammelt, die Donald Trump allein über Twitter beleidigt hat.[1] Besonders politische Gegner sind gefun-
dene Zielscheiben für seine Attacken. Eine inhaltliche
Auseinandersetzung? Fehlanzeige! Krawall und Polemik
stehen im Mittelpunkt. Dass ein solches Verhalten kein
Automatismus in der Politik ist, hat uns gerade die Erinnerung an seinen im Sommer 2018 verstorbenen Partei-
kollegen und erbitterten Konkurrenten John McCain vor
Augen geführt. McCain war 2008 der republikanische
Herausforderer Barack Obamas. In diesem Wahlkampf
hatte McCain einen seiner stärksten Momente. Bei einem
öffentlichen Auftritt wurde er von Unterstützern darauf
angesprochen, dass Obama angeblich gemeinsame Sache
mit inländischen Terroristen mache und er außerdem von
arabischer Herkunft sei. Statt diese Steilvorlage aufzugrei-
fen und die Stimmung weiter anzuheizen, blieb McCain
ruhig. Unter den Buhrufen seiner Anhängerschaft antwortete er, Obama sei ein anständiger Mensch, Familienvater
und Staatsbürger. Sie beide hätten in grundlegenden Punk-

ten verschiedenen Ansichten, und das sei es, worum es im Wahlkampf gehe. Gegen den Widerstand seiner Anhänger bemühte sich McCain also, eine inhaltliche Debatte zu führen, statt auf Personalisierung und Polemik zu setzen. Selbstverständlich, so McCain, gehe er davon aus, ein besserer Präsident als Obama zu sein, aber niemand müsse sich davor fürchten, dass Obama ins Weiße Haus einziehen könnte.[2] Mit diesem kleinen Beispiel möchte ich die Entwicklung verdeutlichen, die mich zu diesem Buch bewogen hat und die auch bei uns immer radikalere Züge annimmt.

Ende Juli 2018 veröffentlichte das Nachrichtenmagazin der *Spiegel* eine Umfrage, in der 68 Prozent der Befragten eine Verrohung der politischen Debatte in Deutschland beklagten.[3] Ein Jahr ist vergangen, seit die AfD in den Deutschen Bundestag einzog und Alexander Gauland ankündigte, dass man die Bundesregierung, »Frau Merkel oder wen auch immer« jagen werde. Nun sehen wir, wie in Chemnitz der rechte Mob Jagd auf all jene macht, die ihm nicht deutsch genug erscheinen.

Für mich ist klar, dass solche Phänomene ihre Ursache auch darin haben, dass wir verlernt haben zu streiten. Nicht mit unserem Partner, nicht mit unseren Kollegen, sondern als Gesellschaft. Und davon handelt dieses Buch. Ich möchte aufzeigen, warum wir den inhaltlichen, politischen Streit als Kern der Demokratie fördern und einfordern müssen. Dazu müssen wir uns damit beschäftigen, nach welchen Logiken Streit derzeit funktioniert und warum er den Anforderungen einer politischen Debatte oft nicht entspricht. Ein besonderer Schwerpunkt wird auch auf den neuen (medialen) Regeln der Empörungsdemokratie liegen.

Ich möchte Sie einladen, mich auf einen Streifzug durch bedeutende Debatten der Bundesrepublik zu begleiten und aktuelle Debatten auf ihren Streitwert hin zu überprüfen. Ich möchte Ihnen bedeutende Frauen und ihren Debattenstil vorstellen und deutlich machen, warum Frauen es häufig besonders schwer haben, sich in Debatten durchzusetzen. Mit alldem im Gepäck gebe ich Ihnen am Ende des Buchs meine Ideen für eine neue Streitkultur auf den Weg. Betrachten Sie diese als Diskussionsgrundlage. Denn wie jedes Thema profitiert auch der Streit von der Debatte.

Streit als Kern der Demokratie

Streit, Zwist und Zank, Widerrede, Kontroverse und Konflikt gehören fest zur Politik. So wie man sich den Sport nicht ohne Rivalität und Wettstreit vorstellen kann, ist es auch mit der Politik. Das ist gut so. Denn das Fundament der Demokratie ist die inhaltliche Auseinandersetzung. Streit eben: dessen Vorbereitung, Durchführung und Aufarbeitung. Streit ist der lebendige Kern jeder Demokratie. Auch wenn das einigen erst einmal befremdlich vorkommt, weil wir auf Harmonie getrimmt sind. »Bitte streitet Euch nicht«, »Lasst uns doch deswegen nicht streiten« oder auch »Der ist es nicht wert, dass man sich mit ihm streitet« – Sprüche wie diese kennen wir doch alle und bemühen sie sicher auch des Öfteren.

Demokratie lebt aber vom Streitpotential: Alle politischen Akteure stehen mit ihren Ideen, Vorhaben und Visionen in direkter Konkurrenz zueinander. Sie müssen den Wählern glaubhaft machen, dass ihre Vorschläge die besseren sind. Im Idealfall geschieht dies mit argumentativer und leidenschaftlicher Überzeugungsarbeit. Dann liegen die dissonanten Positionen im inhaltlichen Clinch. Das ist konstruktiver Streit in der Sache.

Politische Entscheidungen sind in aller Regel das Ergebnis längerer und manchmal auch kürzerer Kontroversen. Entscheidungen, die in Demokratien getroffen werden, gelten genau deshalb als legitimiert, weil sie öffentlich diskutiert und von der Öffentlichkeit gegen andere mögliche Entscheidungen abgewogen wurden. Decken sich die Entscheidungen nicht mit der öffentlichen Meinung, kommt es, im Idealfall, bei den nächsten Wahlen zu einem Wechsel.

Die Frage, welche Idee sich durchsetzen kann, ist nicht nur für das verhandelte Themenfeld relevant, sondern hat auch Auswirkungen auf zukünftige Wahlerfolge. Bei den politisch Tätigen geht es niemals »nur« darum, sich in einer bestimmten Sache durchzusetzen. Immer geht es auch darum, bei den nächsten Wahlen ein möglichst gutes Ergebnis zu erhalten. Das ist der politische Imperativ: Handle stets so, dass sich deine Chancen bei den nächsten Wahlen verbessern. Somit stehen die politischen Akteure in einem Spannungsverhältnis – sie müssen die Gegenwart gestalten und sich dabei gleichzeitig den Zuspruch in der Zukunft sichern. Diese Zweiseitigkeit hat für die Art unserer politischen Debatten eine hohe Relevanz. Im Laufe des Buches wird dies noch deutlicher werden.

Aber das ist nicht alles: Es gibt weitere Akteure, mit denen politische Eliten zwar nicht um Wählerstimmen, aber um die Deutungshoheit im Diskurs konkurrieren: andere Staaten, die politische Öffentlichkeit, also alle Akteure, die versuchen, ihre Interessen und Meinungen in gesamt-

13

gesellschaftlich bindende Entscheidungen zu überführen, die Medien, die Wirtschaft, die Intellektuellen, Kulturschaffende, Aktivisten, Nichtregierungsorganisationen und viele weitere. Die Anzahl an Anspruchsgruppen ist hoch und damit auch die Anzahl der möglichen Kombattanten auf einem politischen Konfliktfeld.

Zudem finden wir bei politischen Fragestellungen ungleiche und bisweilen unvereinbare Wertesysteme. In vielen Debatten können wir beobachten, wie sich Konflikte aufgrund unterschiedlicher Geisteshaltungen oder Ideologien entspinnen. Nach unzähligen Religionskriegen, zwei Weltkriegen und dem Kalten Krieg führen uns Terror und Kriege gegen den Terror bis heute vor, welches Konfliktpotential darin steckt. Es ist ein Leichtes, Menschen mit anderen Grundeinstellungen oder Anhänger anderer Weltanschauungen als Spinner, Eiferer, Unmenschen oder Extremisten zu bezeichnen. Dies stärkt den Zusammenhalt innerhalb der eigenen Gruppe, da man sich gemeinsam auf der »richtigen Seite«, bei den »Guten«, sieht. Der Gegner ist dann nicht mehr einer, gegen den man sich im öffentlichen Diskurs durchzusetzen hat, sondern ein Feind, den man mit allen Mitteln zum Schweigen bringen muss.

Die Abkehr von der politischen Konkurrenz treibt die gesellschaftliche Spaltung aber immer weiter voran, da einer gemeinsamen Debatte mehr und mehr der Boden entzogen wird. Das Streben nach Harmonie führt dann dazu, dass man sich einfach nur noch mit denen umgibt, die eine ähnliche Haltung haben wie man selbst. Im schlimmsten Fall wirft man der Konkurrenz moralisches Versagen vor, und der Konflikt wird auf der Ebene von Werten und Gefühlen ausgetragen. Über Wertesysteme lässt sich aber nicht streiten, da solche Systeme nicht per se objektiv richtig oder falsch sein können. Streiten lässt sich nur inhaltlich und auf der Basis einer empirischen Grundlage. Je weiter eine Debatte moralisiert wird, umso mehr wird sie auch entpolitisiert. Wenn aber Inhalte nicht mehr interessieren, treten konfrontative, unentscheidbare und sich im Kreis drehende Auseinandersetzungen zwangsläufig auf.

Das muss nicht automatisch in Vernichtungsfantasien und Terroranschlägen enden, ein produktiver und sachorientierter Streit ist dann aber nicht mehr möglich. Regelmäßig entspinnen sich etwa Debatten um Rüstungsexporte. Die Partei Die Linke ist in Deutschland ein erbitterter Gegner von Rüstungsexporten und bringt das Thema immer wieder auf die Tagesordnung des Deutschen Bundestags. Zuletzt im Februar 2018 bei einer von der Partei beantragten Aktuellen Stunde mit dem Titel »Erneute Steigerungen bei Rüstungsexporten«. Die Linke nutzte die Gelegenheit, um ihre Forderung nach einem grundsätzlichen Verbot zu unterstreichen, und sprach davon, dass durch diese Exporte »Fürsten der Finsternis«[4] beliefert würden. Redner der Regierungsparteien betonten hingegen, dass Waffen etwa an die Peschmerga geliefert würden, um den Völkermord an den Jesiden zu stoppen. Außerdem fielen auch geschützte Fahrzeuge unter die Waffenexporte, mit denen beispielsweise das Kinderhilfswerk der Vereinten Nationen versorgt würde.

Diese Debatten werden so grundsätzlich geführt, dass die Inhalte fast nebensächlich werden. Die Kontrahenten haben derart gegensätzliche Wertvorstellungen, dass sie einer sachlichen Argumentation kaum noch zugänglich sind. Jegliches Aufeinanderzugehen würde als Einknicken vor dem Gegner und als Verrat an der »guten Sache« gewertet.

Solche Streitfragen müssen politisch geklärt werden, weil es für sie keine objektiv richtigen Lösungen gibt, die sich herauskristallisieren, wenn man nur lang genug darüber nachdenkt. Es braucht den politischen Streit! Im Idealfall ist es ein Wettstreit von Argumenten, aus dem sich die Mehrheitsposition wie der Phönix aus der Asche herausbildet. Streit in der Demokratie ist deshalb kein Selbstzweck, sondern funktionaler Bestandteil. Er muss öffentlich ausgetragen werden. Schon allein und insbesondere, um dem politischen Publikum die Möglichkeit zu geben, alle Positionen gegeneinander abzuwägen. Dazu muss sowohl das verhandelte Thema als auch die eigene Argumentation von den Kommunikatoren möglichst anschaulich, überzeugend und auffällig aufbereitet werden. Das ist der Idealfall. Durch den öffentlich ausgetragenen Streit entsteht die Möglichkeit, sich zwischen den konkurrierenden Standpunkten für jenen zu entscheiden, der den eigenen politischen Vorstellungen am nächsten kommt oder der einen am meisten überzeugt hat.

Ohne den öffentlichen Streit kann sich so etwas wie eine öffentliche Meinung überhaupt nicht herausbilden. Die Komplexität der Themen auf der politischen Agenda macht eine intensive Auseinandersetzung für Nicht-Experten unmöglich. Es ist nicht davon auszugehen, dass die Bevölkerung sich in kürzester Zeit eine Meinung zu Vorgängen wie der Wirtschafts- und Finanzkrise von 2008 bildet, ohne dass zunächst eine Einordnung vorgenommen wird. Selbstverständlich wird ein Laie auch durch öffentlich ausgetragenen konstruktiven Streit nicht plötzlich zum Finanzexperten, doch er wird immerhin merken, welche Schwerpunkte die unterschiedlichen Kontrahenten setzen. Betont jemand die Solidarität mit anderen EU-Staaten oder fokussiert er sich auf die Kosten, die für den eigenen Staatshaushalt entstehen? Die Streitenden nehmen eine Komplexitätsreduktion vor, die es einer breiten Öffentlichkeit erst ermöglicht, eine eigene Haltung zu einem Thema zu entwickeln. Der Streit bietet somit eine Orientierungshilfe, indem er die Sprecher zwingt, zu erklären, warum welche Veränderungen notwendig sind. Diese Erklärungen richten sich nicht zwangsläufig und selten ausschließlich an den direkten Kontrahenten, sondern immer auch an die Öffentlichkeit. Auch dadurch unterscheidet sich der politische Streit vom Streit, wie wir ihn aus den eigenen vier Wänden kennen. Im Privatleben versucht man, den Konflikt möglichst im Verborgenen auszutragen. Egal ob sich Freunde, Kollegen oder Paare streiten: Meist geht es darum, dem Gegenüber zu zeigen, dass man im Recht ist, und nicht einem Publikum, das den Streit aufmerksam verfolgt.

Hier wie auch bei demokratischen, politischen Auseinandersetzungen ist das Endergebnis meist ein Kompromiss. Kompromisse sind konstitutive Bestandteile jeder pluralen Demokratie und können nur im Rahmen einer Auseinandersetzung entstehen. Dabei ist es möglich, dass beide Seiten gewinnen, beide Seiten ein Stück weit aufeinander zugehen oder dass ein Akteur deutlich weiter von seinen ursprünglichen Forderungen zurücktritt als ein anderer. So gut wie nie passiert es, dass die Streitenden mit exakt der gleichen Position aus einem Streit herauskommen, mit der sie ihn begonnen haben. Wenn der eigene Vorschlag von anderen kritisiert wird, setzt man sich auch selbst noch intensiver damit auseinander, hinterfragt Altbewährtes und wagt sich auf etwas andere oder ganz neue Pfade. Selbst wenn sich ein Akteur auf ganzer Linie durchsetzt, wird sich seine Position verändert haben. In der Auseinandersetzung mit dem politischen Gegner kristallisiert sich der eigene Standpunkt deutlicher heraus. Die Antagonisten zwingen sich gegenseitig dazu, das Thema besser zu kontextualisieren, die eigene Position zu schärfen und ihre Lösungsvorschläge zu konkretisieren, um sich im Wettstreit der Alternativen durchzusetzen.

Jemand, der sich beinahe sein ganzes Leben mit dieser produktiven Seite des Streits beschäftigt hat, ist der Soziologe Ralf Dahrendorf. Als Wissenschaftler, der sowohl dem Deutschen Bundestag als auch dem britischen House of Lords angehörte, scheute er keine Auseinandersetzung, egal welchen Formats. Für ihn waren Konflikte »eine hervorragende schöpferische Kraft von Gesellschaften«.[5]

Das ist nicht nur in der Politik so, sondern auch in der Wirtschaft. Streit ist ein Innovationstreiber und bringt neue Ideen hervor. Unternehmen stehen unter einem enormen Innovationsdruck. Wer sich nicht weiterentwickelt, der wird im Markt schnell untergehen. In Japan, einem Land, das deutlich stärker von Hierarchien bestimmt wird als Deutschland, nimmt die Förderung der Diskussionskultur bisweilen Formen an, die dem europäischen Betrachter befremdlich erscheinen. Wenn ein hochrangiger Manager bei einem Meeting bemerkt, dass die übrigen Anwesenden sich nicht wirklich an der Diskussion beteiligen, und er zu dem Schluss kommt, dass dies an seiner Anwesenheit liegen könnte, stellt er sich einfach schlafend. Das ist *inemuri*, der Anwesenheitsschlaf. Die Teilnehmer wissen natürlich, dass ihr Vorgesetzter nicht wirklich schläft, erkennen aber das Signal und wissen, dass sie nun frei sprechen sollen. Man sieht, es bedarf zuweilen auch ungewöhnlicher Mittel, um die produktive Seite des Streits zu nutzen. Möglicherweise ist die größte Herausforderung überhaupt, zu akzeptieren, dass der Streit etwas Gutes sein kann.

Für den Einzelnen erscheint ein Streit meist negativ. Er impliziert, wie beim sportlichen Wettstreit, immer die Möglichkeit des Verlierens, und er fokussiert das Trennende. Doch wie der Soziologe Georg Simmel, der Urvater der Konfliktsoziologie, bereits Anfang des 20. Jahrhunderts betonte, ist der Streit »eigentlich die Abhilfsbewegung gegen den auseinanderführenden Dualismus und ein Weg, um zu irgendeiner Art von Einheit […] zu gelangen«.[6] Durch die Ab(!)wesenheit von Streit kann es zu einer Desintegration kommen, die das gesellschaftliche Gefüge zerstört. Wir müssen uns am Ende des Tages nicht einig sein, müssen nicht die gleichen Lösungen wollen, ja nicht einmal dieselben Probleme identifizieren. Aber wir müssen gegenseitig versuchen zu verstehen, was das politische Gegenüber möchte und warum es das möchte. Wer keine Möglichkeit sieht, im gesellschaftlichen Diskurs wahrgenommen und gehört zu werden, wird sich auch nie als Teil dieser Gesellschaft begreifen. Erst durch eine Reaktion auf die Vorhaben, Ideen und Ansprüche unserer Gegner stellen wir trotz der politischen Differenzen die Basis für gesellschaftlichen Zusammenhalt her: indem wir zeigen, dass wir bereit sind, uns miteinander auseinanderzusetzen. Wir können dabei akzeptieren, dass wir uns nicht einigen können – neudeutsch »agree to disagree« –, den Gegner zum Schweigen bringen dürfen wir aber nicht. Es ist anstrengend, aber notwendig, immer wieder zu erklären, was wir uns bei etwas gedacht haben. Noch anstrengender ist es, wenn wir versuchen, die Gründe nachzuvollziehen, die unser Gegner für seine Pläne hat. Viel einfacher erscheint es da, den politischen Gegner einfach als nicht diskussionswürdig abzukanzeln und uns weiter mit uns selbst zu beschäftigen oder mit den Menschen in unserer Meinungsblase. Die Konsequenzen sind allerdings enorm. So trennen wir im schlimmsten Fall das letzte Glied der Kette, das uns mit unserem Gegner verbindet: die gemeinsame Basis der demokratischen Debatte.

Der Streit ist alles andere als die Beseitigung einer (empirisch ohnehin nicht vorhandenen) Harmonie in der Gesellschaft, sondern das Hinzufügen neuer Elemente: Er ist ein Garant für den Fortschritt, er erzeugt politische Öffentlichkeit und er bildet den Kitt, der uns als Gesellschaft zusammenhält.

Zusammenfassend lässt sich festhalten, dass der politische Streit, verstanden als öffentliche Debatte, drei Funktionen erfüllt:

1. **Debatten bilden Meinungen.** Die Komplexität der Themen in der politischen Arena macht sie für Nichtexperten kaum noch begreifbar. Ihre politische Einordnung wird immer schwieriger. Debatten erlauben es der Öffentlichkeit, verschiedene Perspektiven auf ein Thema kennenzulernen und sich derjenigen anzunähern, die den eigenen Vorstellungen am nächsten kommt.

2. **Debatten inspirieren.** Eine Debatte ist nicht nur für das politische Publikum relevant, sondern auch für die Streitenden. In jeder Auseinandersetzung zwischen Meinungsgegnern müssen alle Beteiligten das Thema zwangsläufig weiter kontextualisieren, ihre eigene Position schärfen und ihre Lösungsvorschläge konkretisie-

ren, um sich gegen Alternativen erfolgreich durchzusetzen. Erst durch die Auseinandersetzung mit anderen werden außerdem jene Punkte thematisiert, die im eigenen Wissens- und Wertesystem zwar vorhanden, aber so tiefsitzend sind, dass sie ohne externen Impuls gar nicht mehr hinterfragt werden.

3. **Debatten verbinden.** Jede Debatte macht die unterschiedlichen Standpunkte der beteiligten Akteure sichtbar. Gleichzeitig vereint sie die verschiedenen gesellschaftlichen Strömungen. Nur wer sich im Diskurs gehört fühlt, kann später einen Kompromiss akzeptieren, der mit seiner Meinung nicht deckungsgleich ist. In Anbetracht der vielen widersprüchlichen Positionen ist es am Ende der zivilisierte Streit, der den gesellschaftlichen Kitt liefert.

Unterdrückter Streit in autoritären Regimen

In autokratischen und diktatorischen Regimen kann politischer Streit zwar unterdrückt werden, der eigentliche Konflikt selbst aber schwelt auch hier. Ralf Dahrendorf meint: »Wo immer es menschliches Leben in Gesellschaft gibt, gibt es auch Konflikt.«[7] Der Konflikt lässt sich nicht ausklammern. Nur eine seiner Äußerungsformen, der Streit, lässt sich in diktatorischen Regimen durch Zwang unterdrücken.

Was passiert, wenn die politische Debatte immer weniger Raum erhält und Dispute immer seltener ausgetragen werden, kann man derzeit in viel zu vielen Ländern beobachten. Nicht nur an den Rändern oder außerhalb der westlichen Welt erleben wir den Aufstieg oder Wiederaufstieg autokratischer Regime.

In der Politikwissenschaft wird zwischen Autokraten und Diktatoren unterschieden. Diktatoren putschen sich in der Regel an die Macht. Ein Autokrat dagegen gelangt über demokratische Mechanismen an die Macht und kanalisiert deren Möglichkeiten anschließend für seine Zwecke. Wir vergessen so häufig: Demokratie kann durch Demokratie abgeschafft werden. Autokratien oder autokratische Tendenzen beobachten wir derzeit in Russland unter Wladimir Putin, in der Türkei unter Recep Tayyip Erdoğan, in Ungarn unter Viktor Orbán, in Rumänien unter der PSD, in Weißrussland unter Aljaksandr Lukaschenka und in Polen unter der PiS-Partei. Alle Genannten zeigen ein starkes Interesse daran, von der Bevölkerung verehrt zu werden, um bei den nächsten Wahlen wieder ein gutes Ergebnis zu erzielen. Dazu unterdrücken sie die Debatte. Denn ohne Debatte keine Widerrede. Die Presse- und Meinungsfreiheit wird sukzessive eingeschränkt, die Opposition behindert und der politische Gegner zum Feind erklärt. Damit ist er kein Streitpartner mehr. Ihm wird die Diskussionswürdigkeit abgesprochen, so dass seine Ansichten zu etwas Unsagbarem und dadurch Unsäglichem werden.

Das Erstarken von Autokratien in Osteuropa kam für viele überraschend, denn spätestens nach dem Zusammenbruch der Sowjetunion schien der Siegeszug der Demokratie unaufhaltsam. Man sprach sogar vom »Ende der Geschichte«. Umso erschreckender ist es, derzeit beobachten zu müssen, wie leichtfertig demokratische Errungenschaften über Bord geworfen werden. In ihrem aktuellen Transformationsindex von 2018 kommt die Bertelsmann Stiftung zu dem Ergebnis, dass 3,3 Milliarden Menschen weltweit in Autokratien leben – eine ganze Milliarde mehr, als noch 2003.[8] Nur bei 10 der untersuchten 129 Staaten weltweit kommt die Stiftung zu dem Ergebnis, dass die Meinungs- und Pressefreiheit ohne Einschränkungen ist. Immerhin sind das 7 Länder weniger als noch 2006. 58 Staaten gelten als Autokratien. Die übrigen 71 werden alles in allem als Demokratien bewertet, doch zum Teil haben diese, laut Studie, einen schweren Stand: In einem Viertel von ihnen verlieren demokratische Errungenschaften an Akzeptanz, und in beinahe genauso vielen ist die Vereinigungs- und Versammlungsfreiheit eingeschränkt.

Das Erstarken autokratischer Tendenzen in einem Staat verhindert die Debatte innerhalb seiner Gesellschaft, aber auch mit anderen Staaten. Denn das Interesse ist dabei niemals der inhaltliche Austausch, sondern immer die Abgrenzung gegenüber einem politischen Feind. Eine Grenzziehung, welche die eigenen Leute hinter dem Herrscher versammeln soll. Der Autokrat leitet aus einem Wahlerfolg einen absoluten Herrschaftsanspruch ab, wodurch seine Gegner in seinen Augen jegliche Legitimation verloren haben und nicht nur zu seinen Feinden, sondern zu Feinden des Volkes werden. Aber, »wo Konflikte unterdrückt werden, weil sie als lästiger Widerstand erscheinen oder ein für alle Mal beseitigt werden sollen, rächt sich diese Haltung im unerwarteten Rückschlag der unterdrückten Kräfte«.[9] Was nicht öffentlich ist, schwelt in der Nicht-Öffentlichkeit.

Eindrücklich lässt sich das zum Beispiel in den USA unter Präsident Donald Trump beobachten. Hier haben sich Gerichte immer wieder gegen Entscheidungen der Regierung gestellt. Und die Medien haben in Teilen ihr

Personal massiv vergrößert, um ihre Kontrollfunktion besser ausüben zu können.

In jungen Demokratien, deren politische Tradition aber nicht demokratisch ist und deren Institutionen noch fragil sind, ist dies deutlich schwieriger. Beispiele: Die polnische PiS-Regierung verabschiedete ein Gesetz, nach dem Richter des Obersten Gerichts mit 65 Jahren in den Ruhestand gehen müssen. Betroffen sind 27 von 72 Richtern. Es wird befürchtet, dass die Regierung die Reform dazu nutzen will, in Zukunft noch stärkeren Einfluss auf die Rechtsprechung auszuüben. In Ungarn kontrolliert die Regierung große Teile der Medien. Regierungskritische Medien werden aufgekauft und geschlossen. Polen und Ungarn sind immerhin Länder in der Europäischen Union. Doch dieser fehlt es derzeit am Willen oder an den Mitteln, sich offensiv gegen solche Entwicklungen zu stellen.

In Deutschland hat der ehemalige AfD-Politiker Marcus Pretzell die Pressefreiheit als etwas definiert, »das auch andersherum gilt«,[10] und in Österreich plant der ORF die Umsetzung eines langersehnten Wunsches der FPÖ: Redakteuren soll es verboten werden, sich in sozialen Medien politisch zu äußern.[11]

Wir sehen an diesen Beispielen, dass der Streit nicht nur von der Streitkultur abhängt, sondern auch bestimmte institutionelle Rahmenbedingungen benötigt. Das wird oft als viel zu selbstverständlich betrachtet. Vielmehr sollten wir uns immer wieder vor Augen führen, dass demokratische Errungenschaften lange und hart erkämpft wurden und schneller wieder verschwinden können, als sie entstanden sind. Für die politische Auseinandersetzung bedeutet dies das Aus.

Die Demokratie ist die einzige Form der Regierung, die

den grundsätzlich konflikthaften Charakter von Politik ernst nimmt, ihn im Wechselspiel von Regierung und Opposition institutionalisiert und durch dieses Konkurrenzverhältnis zwangsläufig öffentlich macht. Der Konflikt und der daran anschließende Streit sind aber nicht nur Gegebenheiten, sondern bringen darüber hinaus tatsächliche Vorteile. Sie sind das Fundament, auf dem die Demokratie fußt.

Wahrheit und Fakten: mit Populisten streiten

Populisten haben einen neuen Ton in unsere politischen Debatten gebracht. Auch sind sie selbst oft Thema der tagespolitischen Auseinandersetzungen und Berichterstattungen. Betrachten wir dieses Phänomen genauer. Was verstehen wir eigentlich unter Populismus?

Dazu muss auf das gelungene Buch von Jan-Werner Müller verwiesen werden, der diesen Begriff unter die sozialwissenschaftliche Lupe nimmt und messerscharf analysiert.[12] Demnach sind es zwei Kriterien, anhand deren man Populisten erkennt: Sie stellen sich massiv gegen die politischen Eliten, das Establishment, und sie erheben einen moralischen Alleinvertretungsanspruch.

Populisten sind also antielitär und antipluralistisch. Sie konstruieren einen einheitlichen Volkswillen und stilisieren sich anschließend zum alleinigen Vertreter dieses Willens. Sie, und zwar nur sie, sind die wahren Treuhänder, Verteidiger und Fürsprecher des Volkes. Das hören wir aus allen Ecken Europas und auch von jenseits des Atlantiks.

Dabei kommt es zu den kuriosesten Koalitionen. Beispielsweise in Italien, wo die rechtspopulistische Lega und die linksgerichtete Anti-Establishment-Bewegung Fünf Sterne sogar in der Regierung vertreten sind. Aber nicht nur wegen der letzten Wahlergebnisse in Italien spüren Populisten auch anderswo Rückenwind: etwa in Großbritannien die UKIP, in den Niederlanden die Partij voor de Vrijheid (Partei für die Freiheit) mit ihrem einzigen Mitglied Geert Wilders, in Frankreich der Front National, in Griechenland die Syriza, in Ungarn die Fidesz-Partei, in Deutschland die AfD oder in Österreich die FPÖ. Kaum übersehbar werden sie alle spätestens zur Europawahl 2019 sein, bei der sie für eine Institution antreten, die sie eigentlich verabscheuen.

Eine Stimme für die Populisten, so wollen sie uns weismachen, sei eine Stimme zur Stärkung des Volkes gegenüber dem Establishment. Im Umkehrschluss bedeutet dies aber auch, dass aus Sicht der Populisten alle Wähler der sogenannten Altparteien eben nicht zu diesem Volk gehören oder von »der Lügenpresse« so manipuliert werden, dass sie ihre eigentlichen Interessen nicht erkennen.

Dieses einfache und durchschaubare Strategem begründet die antipluralistische Haltung der Populisten und macht die inhaltliche Auseinandersetzung und einen themenorientierten Streit mit ihnen aussichtslos. Was wir auf den vorangegangenen Seiten als Fundament der Demokratie bezeichnet haben, wird von Populisten nicht anerkannt. Die Debatte ist in ihrem Weltbild nicht notwendig, da sie meinen, den »gesunden Volkswillen« so zu vertreten, dass sich gefälligst auch das ganze Volk vertreten fühlen soll.

Besonders gefährlich wird es dann, wenn populistische

Parteien, wie im Fall der AfD, die Demokratie nicht per se ablehnen, sondern sich selbst zu ihrer letzten Verteidigerin stilisieren.

»Hören« wir den Populisten für einen Moment zu: Sie wurden beinahe alle mit den emotional höchst aufgeladenen Themen Migration und Flüchtlingskrise in europäische Parlamente gewählt – mit beachtlichem Erfolg. Sie verfolgen eine affektorientierte Kommunikationsstrategie, das heißt, sie spielen mit den Gefühlen der Menschen und scheuen auch Falschmeldungen nicht. Allerdings haben diese inzwischen eine neue Dimension erreicht. Lügen in der Politik sind an sich kein neues Phänomen. Es finden sich Beispiele in der älteren und neueren Vergangenheit. Uwe Barschel gab öffentlich sein Ehrenwort, um zu versichern, dass er keine Schmierenkampagne gegen seinen Rivalen geplant habe – und musste nur eine Woche später zurücktreten, nachdem sein Medienberater genau das zugab. Die Ceaușescu-Regierung in Rumänien fälschte sogar Wetterberichte, um der Bevölkerung weiszumachen, dass sie gar nicht frieren könne. Diese Lügner alten Stils wussten immerhin, dass ihre Lügen enttarnt wären, sobald bestimmte Fakten öffentlich würden. Sie akzeptieren noch eine bestimmte Definition von Wahrheit und von Fakten als Grundlage des demokratischen Diskurses. Man kann alles behaupten, aber wenn jemand unwiderlegbare Beweise dagegen präsentiert, verliert die Lüge an Überzeugungskraft. Dieser Konsens, was Fakten sind und was nicht, bildet die Basis für Debatten.

In jüngster Zeit und vor allem bei den Populisten beobachten wir aber immer häufiger, dass Fakten ihre Bedeutung als Gesprächsfundament verloren haben. Und es kommt noch schlimmer: Behauptungen aller Art, ob wahr, ob falsch, ob irrelevant, ob unsinnig, sind zu reinen Werkzeugen geworden, die sich flexibel anwenden lassen, um Weltanschauungen zu begründen und Stimmungen zu entfachen. US-Präsident Donald Trump schaltete sich beispielsweise via Twitter in den Asylstreit in Deutschland ein: Die Kriminalität in Deutschland sei um zehn Prozent gestiegen, seit Migranten aufgenommen würden. Er deutete an, dass deutsche Behörden diese Zahl nicht melden würden. Auf welcher Grundlage er diese Aussage getroffen hat, bleibt unklar. Denn die polizeiliche Kriminalstatistik gibt für das Jahr 2015, als die Einwanderungszahlen ihren Höhepunkt erreichten, rund sechs Millionen Straftaten an. Ungefähr die gleiche Zahl wurde für das Jahr 2014 ermittelt. In den Jahren 2016 und 2017 lag sie sogar darunter. Warum also ein solcher Tweet? Die Antwort findet sich im letzten Satz seines Tweets »Be smart America!«. Seine Behauptung stellt eine in der Realität nicht vorhandene Kausalität zwischen Einwanderung und Kriminalität her. Die vorliegenden Daten widersprechen Trumps Behauptung, aber sein politisches Vorhaben, im eigenen Land die Einwanderungszahlen massiv einzuschränken, wird durch sie untermauert.

Ein anderes Beispiel ist ein Foto, das die AfD für einen Flyer zum Thema innere Sicherheit in Deutschland verwendete. Das Bild entstand bei Ausschreitungen in Athen und zeigt einen Demonstranten, der mit einem Stock zum Schlag auf einen am Boden liegenden Polizisten ausholt. Das Bild wurde bearbeitet, und der Demonstrant bekam ein großes Antifa-Logo auf den Rücken. Auf die Fälschung angesprochen, behauptete ein Sprecher der AfD, dass die Bearbeitung des Fotos nichts daran ändern würde, dass sich die Sicherheitslage in Deutschland verschlechtere und dass offensichtlich sei, wer den Anstieg der Gewalt verantworte. Der Informations- und Wahrheitsgehalt des Bildes war für die AfD irrelevant. Es diente nur einem politischen Zweck und nicht als seriöse Diskussionsgrundlage.

All das ist mehr als Lüge – es ist Bullshit, wie der Philosoph Harry Frankfurt es nennt.[13] Eine Lüge kann mit Fakten widerlegt werden, wodurch der Lügner gezwungen wird, seine Aussagen anzupassen oder zurückzuziehen. Beim Bullshiten dagegen werden unwillkommene Fakten einfach ausgeblendet: Was die Botschaft des Bullshits bekräftigt, wird vom Bullshiter als wahr deklariert, was ihr zuwiderläuft, als falsch. Empirie ist nichts, Gefühl und Effekt werden zum Maßstab der Bewertung. Psychologisch interessant ist die Frage, ob die Faktenausblendung beim Bullshitten bewusst oder unbewusst ist. Wie dem auch sei: Der Wahrheitsgehalt spielt dabei keine Rolle mehr, politische Debatten verlieren ihre empirische Basis. Stattdessen beruhen sie nur noch auf ausgestoßenen Falschmeldungen, Einbildung, ausgedachtem Blendwerk, intellektuellen Fata Morganas zur Erzeugung von Gefühlen, zum Appell an niedere Instinkte. All das mit dem Ziel, die eigene Weltsicht absolut zu setzen und die subjektiven Werte durchzusetzen. Und auf dieser Ebene lässt sich nicht streiten. Nur mit Worten (be)kämpfen.

Eine weitere, oft gezückte kommunikative Karte der Populisten ist die Skandalisierung. Wer skandalisiert, arbeitet mit Tabubrüchen und krasser Sprachwahl. Der Sprachwissenschaftler Joachim Scharloth von der TU Dresden hat analysiert, dass populistische Parteien zu allen erdenklichen sprachlichen Mitteln greifen, um auf sich aufmerksam zu machen, um eine Resonanz in den Medien zu erzeugen.[14] Flüchtlinge sind »Invasoren«, ihre Einwanderung gleicht einer »Wucherung am deutschen Volkskörper«, was sie treibt, ist »Asyltourismus«. In anderen Zusammenhängen wird von »Gender-Wahnsinn« (eigentlich immer, wenn es um Gleichstellungsprojekte geht) gesprochen oder einem »Denkmal der Schande« (Holocaust-Mahnmal). Auch ihre Behauptung, dass man stolz auf die Wehrmachtssoldaten sein könne, gehört in diesen Zusammenhang. Das sind nur einige Kostproben.

Der Gehalt dieser Aussagen ist spätestens dann völlig irrelevant, wenn nach dem ersten Aufschrei die Distanzierungen der Populisten folgen: Man sei falsch verstanden worden, sei mit der Hand auf der Maus ausgerutscht oder hätte nur einen Witz machen wollen. Durch den Tabubruch ist die Aufmerksamkeit jedenfalls gesichert, und die Anhänger solcher Ideen wissen ganz genau, wie sie die Distanzierungen zu verstehen haben. Das Verlassen von Live-Talkshows oder gar der Bundespressekonferenz fällt auch unter diese Kommunikationsstrategie: nicht diskutieren, sondern sich der Debatte entziehen, die man selbst losgetreten hat.

Die Skandalisierung von Sachverhalten war schon immer Teil des politischen Werkzeugkastens. Nicht zuletzt soziale Bewegungen haben immer wieder auf skandalträchtige Methoden gesetzt, um Beachtung zu generieren. Selbst etablierte, weltbekannte Organisationen ohne Beachtungsdefizite wie Greenpeace greifen immer wieder auf skandalumwitterte Mittel zurück. Etwa als Aktivisten die Fahrbahn rund um den Großen Stern in Berlin komplett mit gelber Farbe bemalten, um die Forderung nach einem raschen Ausstieg aus der Verstromung von Kohle zu unterstreichen. Die 3000 Liter gelbe Farbe verursachten einen

Sachschaden in Höhe von 15 000 Euro und schufen jede Menge medienwirksames Bildmaterial.

Im Gegensatz zur Vorgehensweise von Populisten soll mit derartigen Aktionen aber eine Forderung unterstrichen, eine Debatte initiiert werden. Greenpeace würde nicht auf die Idee kommen, sich am nächsten Tag von der Aktion zu distanzieren. Insofern bleibt ein inhaltlicher Kern bestehen, über den sich letztlich streiten lässt. Genau dieser aber geht beim Wechselspiel von Skandal und Distanzierung verloren. Je nachdem, mit wem man gerade spricht, kann entweder behauptet werden, man sei falsch verstanden worden, oder aber, man habe sich distanzieren müssen, um nachhaltigen Schaden für die eigene politische Bewegung abzuwenden. Das Publikum kann sich dann, je nach eigener politischer Haltung, aussuchen, welcher Argumentation es folgt.

In Deutschland waren populistische Bewegungen lange Zeit etwas, das man insbesondere im Ausland beobachtet hat. Aber spätestens mit dem Einzug der AfD in den Deutschen Bundestag beschäftigten sich Medien, Politiker und gesellschaftliche Akteure mit der Frage, ob und wenn ja wie man sich mit Populisten streiten kann. Doch bevor es im Plenum zum ersten Mal zur direkten Konfrontation der Parteien kommen konnte, stritten sich die Parteien mit Bundestagserfahrung darüber, wer denn im Parlament neben der AfD Platz nehmen solle. Letztendlich fiel die Wahl auf die FDP, die zunächst einen Platz in der Mitte, also neben anderen Parteien, forderte, dann aber doch einlenkte. Vernünftig, denn die Abgeordneten haben wichtigere Themen, als über die Sitzordnung zu debattieren. Unklar war auch, wie man mit Ausschussvorsitzenden aus der AfD umgehen sollte. Traditionell übernimmt die größte Oppositionsfraktion den Vorsitz im wichtigen Haushaltsausschuss. Der Vorsitzende wird dann nicht gewählt, sondern bestimmt. In der aktuellen Legislaturperiode meldeten aber mehrere Ausschussmitglieder Widerspruch gegen den nominierten AfD-Kandidaten Peter Boehringer an. Als Vorsitzender eines Ausschusses sind die inhaltlichen Spielräume äußerst begrenzt. Dem Amt wird üblicherweise eine überparteiliche, moderierende und keine gestaltende Rolle zugeschrieben. Trotzdem war man sich uneins, wie man mit AfD-Vorsitzenden umgehen solle. Während die einen die Integrität des Amtes in Gefahr sahen oder es dem AfD-Kandidaten ganz einfach nicht zutrauten, befürchteten die anderen, dass man der AfD eine Steilvorlage liefern würde, mit der sie sich weiter als Märtyrerin inszenieren könne. Am Ende wurden die AfD-Kandidaten gewählt, wenn auch nicht ohne Widerspruch. Tatsächlich hätte eine Sonderbehandlung auch keinen Effekt gehabt. Die AfD hätte sich weiter als Märtyrerin inszenieren können und wäre weiter den Beweis schuldig geblieben, dass sie auch die Parlamentsarbeit beherrscht. Populistische Bewegungen und Parteien lassen sich nicht ausklammern oder ignorieren, sondern müssen in der Debatte gestellt werden. Man muss ihnen mit Widerspruch, Fakten und Leidenschaft begegnen. Ansonsten werden sie immer stärker.

Auch die Medien mussten sich mit der Frage beschäftigen, wie man mit Populisten umgehen soll – denn häufig suchen sie, wie bereits dargestellt, den Skandal und wissen sehr genau, wie sie sich und ihre Themen immer wieder prominent auf die Agenda setzen. Ein positives Beispiel dafür, wie es gehen kann, lieferte beispielsweise der britische Journalist Tim Sebastian im März 2016 in einem Interview mit der damaligen AfD-Vorsitzenden Frauke Petry.

Er konfrontierte sie mit Originalaussagen und bohrte immer wieder nach, warum sie diese getätigt habe. Ihre Relativierungen nahm er zur Kenntnis, ließ sie aber nicht gelten, sondern beharrte so lange auf inhaltliche Antworten, bis er sie erhielt. Er hatte sich intensiv mit der Kommunikationsstrategie von Populisten auseinandergesetzt, deckte diese in seinem Interview schonungslos auf und konfrontierte Petry mit Widersprüchen in ihren Aussagen. Obwohl sie dabei immer gereizter wurde, blieb er gelassen. Er zog die Parteivorsitzende auf ein Schlachtfeld, auf dem sie nicht gewinnen konnte: weil es um Inhalte, Argumente und Fakten ging.

Ähnlich ging auch der ZDF-Journalist Thomas Walde im August 2018 beim Sommerinterview mit dem derzeitigen AfD-Parteivorsitzenden Alexander Gauland vor: ohne große Aufregung, klar an der Sache orientiert, nicht nachlassend. Auch er konfrontierte Gauland mit früheren Statements, ging aber noch einen Schritt weiter als Sebastian. Walde nahm sich die namensgebende »Alternative« vor, die die Partei angeblich anbietet. Er ließ nicht zu, dass sich das Interview rund um das Thema Flucht und Migration drehte, sondern fragte konkret nach Alternativen zu Themen wie Klimawandel, Rente und Digitalisierung. Das bedeutete keine Sonderbehandlung der AfD, sondern genau das Gegenteil. Er interviewte Gauland nicht wie einen Populisten, sondern wie einen Politiker. Dadurch deckte er die Defizite Gaulands und der AfD auf. Gauland konnte nämlich keine alternativen Politikvorschläge nennen.

Sebastian und Walde haben einen vernünftigen Umgang in der Debatte mit Populisten gefunden: keine Sonderbehandlung. Die gleichen Fragen wie bei anderen Parteien.

Widersprüche aufdecken und auf inhaltlichen Antworten bestehen. Zumindest Petry und Gauland haben sich so selbst entlarvt. Sebastian und Walde haben hingegen eine Blaupause dafür geliefert, wie der Streit mit Populisten gelingt. Mit dem Beharren auf Fakten, der Orientierung an der Sache und mit einer gewissen Coolness, die man der ununterbrochenen Gereiztheit der Populisten entgegensetzen kann.

Streit und Harmonie oder:
unser ambivalentes Verhältnis zum Streit

Die Politikwissenschaft unterscheidet für die westlichen Demokratien zwei idealtypische Regierungssysteme: zum einen das Konsensmodell, welches wir beispielsweise in der Schweiz finden, und zum anderen das Mehrheitsmodell mit Großbritannien als Musterbeispiel, weshalb man auch vom Westminster-Modell spricht. Das deutsche Regierungssystem ist auf Kompromiss und Konsens angelegt und wird deshalb eher dem Typus Konsensdemokratie zugerechnet. Häufig wird auch der Begriff der Verhandlungsdemokratie für unser System bemüht. Anstatt auf die Machtausübung durch Mehrheiten setzt man auf den Dialog und das Erzielen eines mehrheitsfähigen Kompromisses. Ein enges Geflecht an Checks und Balances, also die gegenseitige Kontrolle verschiedener Verfassungsorgane und die Aufteilung von Macht zwischen ihnen, fordert alle politischen Akteure dazu auf.

Wir können uns das wie bei einer Partie Doppelkopf vorstellen: Jede Wahl mischt die Karten neu. Bis zur nächsten Wahl ergeben sich neue Teams in Regierung und Opposition, wobei die Regierungsparteien deutlich enger zusammenarbeiten müssen. Beim nächsten Spiel, nach der nächsten Wahl, können die Teams aber schon wieder ganz anders aussehen. Besser also, man verscherzt es sich mit niemandem zu sehr oder dauerhaft.

Die Medien in einer Demokratie folgen einer anderen Logik. Für die allermeisten politisch Interessierten ist Politik nicht direkt, sondern über die Medien erfahrbar. Analog oder digital. Und Konflikte, Streitereien, Dispute und Ähnliches lassen die Einschaltquoten, Verkaufs- und Klickzahlen nach oben schnellen. Das ist fast ein Naturgesetz. Conflict sells! Harmonie hat keinen hohen Nachrichtenwert. Beispiele für beides finden sich leicht: Der Dauerzwist der Unionsparteien ist ein gefundenes Fressen für die Medien. Anders gesagt: Die Parteien selbst instrumentalisieren die Medien, um den Konflikt noch weiter zu schüren. Und noch besser verkauft sich Zwist in personalisierter Form – Angela Merkel gegen Horst Seehofer ist ein medialer Kassenschlager. Dass sich Angela Merkel und Andrea Nahles dagegen gut verstehen und die Zusammenarbeit ihrer Parteien etwa beim Thema Mindestlohn reibungslos gelang, war kaum eine Meldung wert.

Auch Gesetzesvorhaben, die von einer großen Mehrheit getragen werden, erfahren deutlich weniger Berichterstattung als umstrittene oder umkämpfte Initiativen. Mit dem »Gute-Kita-Gesetz« etwa stellt die Bundesregierung den Ländern in den nächsten Jahren vier Milliarden Euro zur Verfügung, um die Kinderbetreuung besser ausstatten zu können. Die Linke zweifelt zwar, ob die Summe ausreicht, aber im Grunde sind sich alle einig. Es ist ein wichtiges Gesetz, aber kein sensationswürdiger Stoff. Die höheren Aufmerksamkeitsquoten verspricht da schon jede Meldung über Horst Seehofers nächste Provokation gegenüber der Kanzlerin.

Wie steht es aber um den Bürger? Wie stehen die Bürger zur politischen Debatte, welches Verhältnis haben sie zum Streit? Prinzipiell lernen wir aus den verschiedensten Meinungsumfragen, dass Streit innerhalb einer Partei oder auch zwischen zwei Koalitionspartnern nicht positiv bewertet wird. Die Streithähne werden abgestraft. In den USA werden nach den Vorwahlen extra gigantische Parteitage veranstaltet, um zu demonstrieren, dass auch die unterlegenen Kandidaten nun hinter ihrem einstigen Konkurrenten stehen, egal wie erbittert und persönlich sie sich noch kurz zuvor bekämpft haben.

Während wir also auf der einen Seite das Sensationelle des Streits durch Aufmerksamkeit belohnen, wollen wir am Ende doch ein harmonisches Miteinander, bei dem alle an einem Strang ziehen – jedenfalls solange an diesem Strang das eigene Ziel hängt. Dann erscheint uns der Streit als eine Störung, ein Hindernis, etwas, das uns aufhält und möglichst vermieden werden soll. Streiten sich die anderen, ist das wie Wasser auf unsere Mühlen. Deren Streit können wir ohne Abstriche genießen.

Und das ist ein echtes Problem. Denn wenn wir den Streit als produktives Element nicht mehr ernst oder sogar als reine Störung empfinden, zwingen wir uns selbst, die Meinungsbildung an eine, wie auch immer geartete, höhere Instanz zu delegieren. Wir wünschen uns alle Harmonie, aber der Streit ist nicht das Gegenteil von Harmonie. Harmonie entsteht trotz unterschiedlicher und nicht aufgrund gleicher Meinungen. So wie der Streit nicht nur für Trennung steht, steht die Harmonie nicht nur für Einheit.

Spätestens wenn man selbst derjenige ist, der sich einer anderen Meinung unterordnen soll, fühlt man sich plötzlich gar nicht mehr harmonisch. Die Demokratie erlaubt uns, trotz divergierender Meinungen eine Gesellschaft zu bilden, in der wir uns niemals einer anderen Meinung geschlagen geben müssen, sondern immer wieder für unsere eigene Sache streiten können. Diese Möglichkeit erfordert von uns, dass wir sie auch mit bestem Gewissen und aus vollster Überzeugung unseren Gegnern zugestehen. Würden wir den Streit aus unserem Leben verbannen, bedeutete das nicht nur, dass uns eine Fülle von Lösungsansätzen verlorengeht und wir uns als Gesellschaft nicht mehr weiterentwickeln, sondern vor allem, dass wir irgendwann keine Gesellschaft mehr sind. Dass die Anti-Demokraten bestimmen, wer dazugehört und wer nicht, so dass wir uns am Ende nicht mehr als Gegner, sondern als Feinde gegenüberstehen. Eine demokratische Politik ohne Konflikt, Streit und Auseinandersetzung ist schlichtweg nicht vorstellbar. Wir haben eine große Meinungsvielfalt und es wird immer unterschiedliche Blickwinkel auf ein Thema geben, so dass Streit grundsätzlich jederzeit und über jeden Gegenstand ausbrechen kann. Dieses Buch beschäftigt sich deshalb nicht mit der Frage, wie wir Streit verhindern können, Konsens erzielen und Politik möglichst harmonisch gestalten. Es akzeptiert den Streit als Kernelement von Demokratien. Wir müssen Streit nicht nur aushalten, sondern sogar fördern, um neue Ideen zu entwickeln und unsere Demokratie mit Leben zu füllen. Dazu müssen wir uns mit unserer politischen Streitkultur auseinandersetzen und uns fragen, warum unsere politischen Debatten derzeit eben nicht als Stärkung von Demokratie verstanden werden können.

Worüber wir streiten

Aktuelle politische Debatten und ihr Streitwert: Geht es um Macht oder Inhalt?

Der Asylstreit in der Union

Sommerpause in der Politik, das bedeutete früher Sommerloch in der Presse. Während die politische Elite im Urlaub weilte, veröffentlichte die Presse Fotos der Kanzlerin beim Wandern oder berichtete über Krokodilsichtungen in heimischen Flüssen und Seen. Der politische Sommer 2018 begann hingegen mit einem Paukenschlag. Über Wochen herrschte in der Regierung ein Streit über die Asylpolitik, der den sonstigen politischen Betrieb in Deutschland so gut wie lahmlegte. Der Streit eskalierte jedoch nicht zwischen SPD und Union, sondern zwischen den Schwesterparteien CDU und CSU. Kern des Streits: der von Horst Seehofer, CSU-Vorsitzender und Bundesinnenminister, ausgearbeitete Masterplan Migration. Genauer gesagt ein Punkt des Plans. Dieser sieht unter anderem vor, bestimmte Gruppen von Asylbewerbern an der deutschen Grenze abzuweisen, und zwar ohne Absprachen mit den europäischen Nachbarländern. Noch bevor Seehofer seinen Plan öffentlich macht, stellt Angela Merkel in der Talksendung Anne Will klar, dass sie nationale Alleingänge der Bundesrepublik kategorisch ablehne. Am Tag darauf sagt Seehofer die geplante Vorstellung seines Masterplans ab. In der Folge sollte es Wochen dauern, bis der Plan erstmals öffentlich vorgestellt wird. Es kennen ihn zunächst nur Horst Seehofer und Angela Merkel.

Ohne den Masterplan zu kennen, treffen sich die Unionsbundestagsabgeordneten am Tag nach der abgesagten Vorstellung desselben zu einer gemeinsamen Sitzung, in der sich der überwiegende Teil der Mitglieder hinter den Innenminister stellt. Ein Krisentreffen zwischen den Vorsitzenden der Unionsparteien bringt ebenfalls keine Entlastung. Merkel bietet an, bis zum EU-Gipfel, der zwei Wochen später stattfindet, bilaterale Vereinbarungen mit EU-Staaten zu treffen. Seehofer beharrt darauf, sofort zu handeln.

Spätestens am Tag darauf wird das Ausmaß des Streits überdeutlich. Eine laufende Bundestagsdebatte muss für vier Stunden unterbrochen werden, damit die Unionsabgeordneten in getrennten Sitzungen beraten können. Insbesondere aus München erhält Seehofer jetzt viel Unterstützung. Er kündigt an, den nationalen Alleingang anzuordnen, wenn er bei der Parteivorstandssitzung am folgenden Montag dafür die Unterstützung der Partei erhalten sollte. Merkel droht für diesen Fall mit ihrer Richtlinienkompetenz.

An diesem Wochenende scheint tatsächlich vieles möglich. Die Regierung ist noch keine hundert Tage im Amt, und schon sieht sie sich einer gewaltigen Krise gegenüber. Niemand ist sich sicher, ob die Koalition in der nächsten Woche noch stehen wird und ob es die Union zwischen CDU und CSU noch geben wird. Im Ergebnis räumt die

CSU der Kanzlerin aber doch Zeit bis zum anstehenden EU-Gipfel ein. »An den stilvollen Bayern soll es nicht scheitern«, sagt Seehofer. Bei einem kurzfristig einberufenen Sondergipfel mit 16 EU-Mitgliedsstaaten und dem regulären EU-Gipfel gelingt es Merkel, mit einer Reihe von Staaten Absprachen zur beschleunigten Rücknahme von Flüchtlingen in Dublin-Fällen zu treffen. Seehofer betrachtet die Ergebnisse aber als »nicht wirkungsgleich« mit seinem Plan und damit als ungenügend. Er beharrt weiter auf seinem Standpunkt der nationalen Alleingänge.

Er bietet seinen Rücktritt von allen Ämtern an, was aber insbesondere Alexander Dobrindt, der Landesgruppenchef, ablehnt. Am darauffolgenden Tag will man einen letzten Einigungsversuch starten. Nach langen Beratungen verständigt man sich auf ein »neues Grenzregime« an der deutsch-österreichischen Grenze. Seehofer bleibt Innenminister. Auch weil er die anstehenden Landtagswahlen nicht weiter gefährden möchte und, wie er einem Journalisten der *Süddeutschen Zeitung* sagt: »Ich lasse mich nicht von einer Kanzlerin entlassen, die nur wegen mir Kanzlerin ist.« Dieser Kommentar wird von der CDU, zumindest nach außen, völlig ignoriert. Zu groß die Erleichterung, dass die Regierungskrise damit vorerst beendet zu sein scheint. Aber der Konflikt ist keinesfalls zu Ende. Deutlich wird das bereits an diesem Tag, als Merkel und Seehofer nicht etwa gemeinsam, sondern Seehofer alleine vor die Mikrofone der versammelten Presse tritt.

Das Vertrauensverhältnis zwischen den beiden ist zu diesem Zeitpunkt schon längst zerrüttet. 2004, Seehofer ist Fraktionsvize der Union, kann sich Horst Seehofer mit seiner Kritik an der Gesundheitsreform nicht gegen die

Parteichefs Edmund Stoiber und Angela Merkel durchsetzen und tritt aus Protest von seinem Amt zurück. Viele Beobachter sehen hier den Kern des persönlichen Konflikts zwischen Merkel und Seehofer. Er brodelt lange vor sich hin, bis die hohen Einwanderungszahlen im Jahr 2015 die Situation weiter zuspitzen. Asyl und Flucht wird das entscheidende Thema zwischen Merkel und Seehofer. Im September 2015 bring Seehofer eine Begrenzung der Zuwanderung ins Spiel. Angela Merkel erteilt der »Obergrenze« eine umgehende Absage. Nicht die einzige Handlung der Kanzlerin, die Seehofer als Provokation auffasst. Während Seehofer die schwierige Lage an der bayrischen Grenze beklagt, wiederholt Merkel ihren berühmt gewordenen Satz »Wir schaffen das«. Im Anschluss kommt es beim CSU-Parteitag im November 2015 zum offenen Bruch zwischen den beiden. Nachdem Angela Merkel ihre Rede beendet hat, stellt sich Seehofer an das Podium und kritisiert ihre Politik auf offener Bühne, während die Kanzlerin, gleich einem zurechtgewiesenen Kind, danebensteht, um anschließend die Halle durch einen Seitenausgang zu verlassen. Spätestens zu diesem Zeitpunkt ist die Bereitschaft, gemeinsame Lösungen zu finden, auf dem Tiefpunkt angelangt. Nach der Bundestagswahl 2017 droht die Regierungsbildung zeitweise an der CSU-Forderung nach einer Obergrenze zu scheitern. Als frisch vereidigter Bundesinnenminister stellt Seehofer dann im Frühjahr 2018 klar: »Ein Weiter-so möchte ich nicht«, und kündigt damit zumindest indirekt das kommende Donnerwetter an. Hinzu kommen vielfach kleinere Sticheleien, wie die immerwährende Auseinandersetzung darüber, ob der Islam nun zu Deutschland gehöre oder nicht. Als Angela Merkel ihre Antrittsrede zur vierten Amtszeit im Deutschen Bundestag hält, bejaht sie diese Frage ausdrücklich, obwohl Horst Seehofer sie nur kurze Zeit zuvor verneinte. Nun ist er derjenige, der wie ein Schuljunge auf der Regierungsbank sitzt und gerügt wird. Gerade an diesem Beispiel wird das Kernproblem dieser Konflikte deutlich: Es fehlt die Debatte. Plakative Aussagen führen nicht weiter, wenn kein inhaltlicher Diskurs dahintersteht.

Auch wenn es große Vorbehalte gegenüber der Flüchtlingspolitik von Angela Merkel gibt, lässt sich nicht wegdiskutieren, dass die Zahl der Ankommenden deutlich gesunken ist. Die Frage dreht sich also weniger darum, was mit jenen Flüchtlingen passiert, die nun in das Land kommen, sondern vielmehr darum, was mit denen passieren soll, die bereits hier sind.

Der CSU ging es in diesem Streit aber nicht darum, sachorientierte Politik zu machen. Sie hatte die bayrischen Landtagswahlen im Blick und befürchtete aufgrund wachsender Umfragewerte der AfD, nicht die absolute Mehrheit zu erreichen. Als Grund für deren Erstarken hat die CSU die Flüchtlingspolitik im Jahr 2015 ausgemacht. Wir erinnern uns alle an die Bilder der großen Flüchtlingsgruppen, die über die Grenzen nach Deutschland kamen. Viele mit Fotos von Angela Merkel in der Hand, und viele von ihnen wurden an den deutschen Bahnhöfen mit Applaus und Geschenken empfangen. Diese Stimmung hat sich mittlerweile gedreht.

Tatsächlich können populistische Strömungen eine Art Frühwarnsystem für ungenügend bearbeitete Probleme sein und als Auslöser Kurswechsel einleiten. Sie in so einem Fall zu ignorieren, kann dazu führen, dass sie in einer Art sich selbst bestätigenden Spirale immer stärker werden. Sie aber einfach zu kopieren im Glauben, sie dadurch überflüssig zu machen, stärkt sie noch mehr. Man legitimiert ihre Positionen, ihre Themen und ihre Sprache, was letztendlich dazu führt, dass die Anhänger solcher Positionen sich darin bekräftigt fühlen, ihre Stimme den Rechtspopulisten zu geben. Denn wenn andere Parteien versuchen, sie zu kopieren, wird dies automatisch als Erfolg des »Originals« gewertet. Statt also mit inhaltlicher Arbeit, vernünftiger Politik, klaren Positionen und einer sachorientierten Kommunikation eigene Standpunkte klarzumachen, versucht die CSU den Erfolg der AfD zu kopieren, statt sich mit ihr zu streiten.

Die CSU möchte gegen die Bilder von »offenen Grenzen«, die eine unionsgeführte Regierung geöffnet hat, ankämpfen. Sie können zwar nicht einfach gelöscht werden, aber die Umsetzung der von Seehofer vorgeschlagenen Maßnahmen wäre in den Augen der CSU das Eingeständnis gewesen, dass die Entscheidung der Kanzlerin damals falsch war. Das Ziel, die Beschlüsse in der Flüchtlingspolitik von 2015 endgültig zu diskreditieren, erschien den Verantwortlichen in der CSU wichtiger, als sich den eigentlichen Herausforderungen der Integration zu stellen. Entscheidungen, die, in den Worten von Horst Seehofer, zu einer »Herrschaft des Unrechts« geführt haben. Diese Aussage führte wiederum dazu, dass der Präsident des Bundesverfassungsgerichts, Andreas Voßkuhle, von »inakzeptabler Rhetorik« sprach. Die Überspitzung des Konflikts in Sprache und Handeln zeigt, wie wenig daran gelegen war, gemeinsame Lösungen zu finden, und wie sehr man den Konflikt um des Konfliktes willen suchte, weil man sich davon ein besseres Wahlergebnis versprach. Begriffe wie »Anti-Abschiebeindustrie«, wenn es um die Gewährleistung von rechtsstaatlichen Garantien geht, oder »Asyltourismus«, wenn es um Menschen geht, die vor Krieg und Folter fliehen, sorgen dafür, dass sich die Debatte von den eigentlichen Problemen entfernt. Sie verlagert sich stattdessen immer mehr auf die Symbolebene, auf der kein Diskurs stattfinden kann, weil es lediglich darum geht, Zeichen zu setzen, und nicht darum, Lösungen zu finden. Das stellte Horst Seehofer sogar selber klar, als er mitteilte, dass man sich innerhalb der Union bei 62,5 von 63 Punkten einig sei.[15] Einem langjährigen Politiker wie ihm ist die Bedeutung von Kompromissen in der Politik durchaus bewusst. Dass er die Regierung für diese 0,5 Punkte riskierte, rächte sich spätestens bei der Landtagswahl 2018 in Bayern. Die CSU fuhr ihr bislang schlechtestes Ergebnis ein und erreichte 37,2 Prozent der Stimmen. Ein Verlust von 10,4 Prozentpunkten. In einer Erhebung von Infratest dimap gaben 66 Prozent der Befragten an, dass Horst Seehofer verantwortlich für den Zustand der CSU sei. Und so musste Seehofer selbst in einem ZDF-Interview eingestehen, dass der Stil der Auseinandersetzung sein größter Fehler im vergangenen halben Jahr gewesen sei.[16]

Bislang scheint es nämlich so, als ob der Plan der CSU nicht aufginge. Der Bevölkerung ist durchaus bewusst, dass hier eine Debatte geführt wurde, die nicht eine bessere Politik, sondern Machterhalt zum Ziel hat. Eine Debatte, die nicht anhand von Fakten und Tatsachen, sondern entlang von Ängsten, persönlichen Konflikten und vor allem zu Lasten einer inhaltlichen Auseinandersetzung geführt wurde. Das spiegelte sich in sinkenden Zustimmungswerten von Seehofer und dem bayrischen Ministerpräsidenten Markus Söder wieder. Im Anschluss an den Streit war sogar eine Mehrheit der Unionsanhänger für einen Rücktritt Seehofers,[17] und in München demonstrierten Zehntausende unter dem Motto »Ausgehetzt – Gemeinsam gegen die Politik der Angst« gegen den Debattenstil, der Einzug in die Politik gefunden hat. Die CSU reagierte gekränkt. Die Stadtratsfraktion zerstritt sich mit Münchner Kulturschaffenden, denen sie die Teilnahme verbieten wollte, und plakatierte in München »JA zum politischen Anstand – Nein zu #ausgehetzt. BAYERN lässt sich nicht verhetzen!«.

Im bayrischen Landtagswahlkampf gelang es den CSU-Spitzen nicht wirklich, sich selbst zu disziplinieren. Man versprach Stabilität und stritt sich untereinander. Und die Einsicht, dass man die AfD nicht überflüssig machen kann, indem man selbst auf lautstarke Parolen setzt, kam erst sehr spät im Wahlkampf. Ob die CSU ihren Debattenstil nach diesem Wahlergebnis ändert, wird sich noch zeigen müssen.

Die Forderung
nach bezahlbarem Wohnraum

Wohnen gilt als die »neue soziale Frage«. Darin ist sich die Regierung von SPD bis CSU einig. Die Schaffung von bezahlbarem Wohnraum ist eine der zentralen sozialpolitischen Herausforderungen unserer Zeit – und das trotz Wirtschaftswachstum und sinkenden Arbeitslosenzahlen. Besonders in den Metropolen steigen die Mietpreise rasant, und immer weniger Menschen können sich zentral gelegenen Wohnraum leisten. Gegenden, die früher als soziale Brennpunkte galten, haben sich zu begehrten Wohnlagen entwickelt, und langjährige Mieter müssen immer öfter ihre Viertel verlassen, da sie beim Anstieg der Mieten nicht mehr mithalten können. Während die SPD darauf setzt, die Mietpreisbremse zu verschärfen, hat die Union das Baukindergeld durchgesetzt. »Wir müssen vor allem die Voraussetzungen schaffen, dass mehr gebaut wird und dass junge Familien eher Wohneigentum erwerben können«, erklärte Fraktionschef Volker Kauder den Mechanismus, an dem angesetzt werden soll. Der Bundesrechnungshof befürchtet jedoch, dass es lediglich zu Mitnahmeeffekten kommen wird. Die Reform der Mietpreisbremse wird ebenfalls kritisch gesehen. Der Deutsche Mieterbund spricht gar von einem »Papiertiger«,[18] nachdem Justizministerin Barley (SPD) ihren ursprünglichen Entwurf auf Drängen der Union abgeschwächt hat. Die SPD hatte sich das Thema auf die Fahnen geschrieben und die Chance gewittert, ein Feld zu besetzen, mit dem sie wieder mehr Bindung an ihre Kernklientel gewinnen kann. Allerdings ist das Bauressort seit dieser Legislaturperiode nicht mehr im Umweltministerium angegliedert, sondern beim Innenminister. Horst Seehofer hat zwar das Baukindergeld durchgesetzt und die Mietpreisbremse verschärft, zeigt ansonsten aber wenig Interesse an der Thematik. Dabei geben deutlich mehr Menschen an, dass sie bezahlbaren Wohnraum für ein besonders wichtiges Thema halten, als es bei der Begrenzung der Zuwanderung der Fall ist.[19]

Während das Thema im Bund ein Schattendasein führt, spitzt sich die Auseinandersetzung in Ballungsgebieten wie Berlin zu. Erst im April 2018 haben hier 20 000 Menschen gegen den »Mietenwahnsinn« demonstriert, und nur einen Monat später wurde mit symbolischen Besetzungen von acht Häusern in der Stadt erneut auf das Thema aufmerk-

sam gemacht. Nach der großen Mietendemonstration be-
antragte Die Linke im Berliner Abgeordnetenhaus eine
Aktuelle Stunde zum Thema. Die Partei stellt mit Katrin
Lompscher auch die Bausenatorin. Diese betonte in der
Debatte, dass von ihrer Seite alles getan würde, aufseiten
des Bundes jedoch Handlungsbedarf bestehe. Die Opposition warf ihr hingegen Versäumnisse vor. Aus der CDU
kam der Vorwurf, dass der Berliner Senat lediglich Bundes-
ratsinitiativen starte, die nicht mehrheitsfähig seien, und bis
zum Ende der Wahlperiode bis zu 300 000 Wohnungen in
der Stadt fehlen würden. Der bau- und wohnungspoliti-
sche Sprecher der CDU, Christian Gräff, spitzte die Debatte zu, indem er die Senatorin persönlich dafür verantwortlich machte und den Regierenden Bürgermeister zu
ihrer Entlassung aufforderte. Die FDP attackierte die linke
Senatorin dort, wo es sie am härtesten trifft. Sie warf ihr
vor, dass unter ihrer Amtsführung das Thema Wohnen zu
einem »Gerechtigkeitsproblem« geworden sei. An dieser
Stelle gab es jedoch zumindest inhaltliche Kritik, da die Li-
beralen ein großes Problem in der Dauer von Genehmi-
gungsprozessen ausmachten und hier Lockerungen forder-
ten. Dennoch personalisierte auch sie das Problem auf die
Senatorin. Die AfD nutzte die Debatte hingegen, um über
Flüchtlinge zu sprechen. Der Senat würde Wohnraum für
Asylbewerber schaffen, während »die Berliner« auf der Stre-
cke blieben. Vertreter des Senats wiesen die Kritik der Opposition als »Show« zurück. An vielen Stellen habe die Lan-
despolitik keinen Einfluss, da die Gesetzgebung beim
Bund liege.

Mittlerweile verliert die Senatorin aber auch innerhalb
der Landesregierung an Rückhalt. Insbesondere aus der
SPD wird sie massiv kritisiert, seit die Senatorin bekannt

geben musste, dass die Zahl der geplanten Wohnungs-
neubauten geringer ausfallen wird als noch im Koalitions-
vertrag vereinbart. Auch aus Verbänden der Bau- und
Wohnungswirtschaft wird die Senatorin attackiert.

Der Wohnungsmarkt ist ein Feld, das von extrem vielen
Akteuren bearbeitet wird. Ein Bereich, in dem unheimlich
viel Geld gemacht werden kann und der von Interdepen-
denzen durchzogen ist. Eine Studie der Förderbank IBB
beispielsweise hat ergeben, dass die Berliner Verwaltung
Genehmigungen für den Bau von 58 460 Wohnungen er-
teilte, die einfach nicht gebaut werden.[20] Hier steht also die
Bauwirtschaft in der Pflicht. Diese macht fehlendes Personal verantwortlich. Außerdem dienen viele Grundstücke
als Spekulationsobjekte, deren Besitzer kein Interesse an
einer Bebauung haben. Statt die komplexe Thematik ganz-
heitlich zu betrachten, konzentriert sich die Kritik aber auf
die »Stadtstillstandssenatorin« Lompscher.

Die derzeitige Zuspitzung der Verhältnisse nahm ihren
Ausgang im Übrigen bereits in den neunziger Jahren. Im
Zuge der Finanz- und Wirtschaftskrise 2007 gewann die
Entwicklung erheblich an Dynamik, was von der Politik
lange Zeit ignoriert wurde. Es ist daher auch nicht verwun-
derlich, dass die Debatte auf Bundesebene (noch) nicht so
scharf geführt wird wie in den Städten und Ländern, bei
denen die Auswirkungen am deutlichsten zu beobachten
sind. In Berlin ist klar, dass die Verantwortung heute bei
der Bausenatorin liegt.

Was sich aber mittlerweile beobachten lässt, ist eine Debatte, die sich von den Inhalten löst und immer stärker auf
die Person Katrin Lompscher fokussiert. Bisheriger Höhepunkt ist ein Brief des SPD-Fachausschusses Soziale Stadt,
in dem die Mitglieder aufgefordert werden, darüber abzu-

stimmen, ob Katrin Lompscher im Amt bleiben soll oder nicht. Die Komplexität der Thematik wird so radikal reduziert und dadurch auch suggeriert, dass es einfache Lösungen gebe. Der Fraktionschef der Linken Udo Wolf sprach anschließend von einer »Verrohung der Sitten« und weiter: »Bei unseren Gesprächen mit der SPD hat es bisher keine Vorschläge vonseiten der Sozialdemokraten gegeben, was in der Baupolitik konkret anders gemacht werden sollte.«[21]

Es ist klar, dass es in der strategischen Ausrichtung Unterschiede zwischen den Koalitionspartnern gibt, aber der Streit wird nicht mehr darüber ausgefochten, sondern nur noch an einer Person festgemacht. Für den Bürger wird es so immer schwerer, nachzuvollziehen, was das eigentliche Problem ist und welche Lösungsansätze existieren, da der Eindruck entsteht, dass ein Wechsel an der Spitze des Ressorts an sich schon eine Lösung darstellen würde. Dabei wird gerne vergessen, dass die SPD, genauer der derzeitig regierende Bürgermeister, über Jahre das Ressort verantwortet hat. Der *Berliner Kurier* spricht mittlerweile schon von der »Lompscher-Verschwörung«.[22] Durch diesen Stil geraten nicht nur die wirklich wichtigen Inhalte in den Hintergrund, sondern der Vertrauensverlust der Bürger in die Politik nimmt weiter zu. Denn dass die hohen Mieten nicht erst seit Katrin Lompschers Amtseintritt ein Problem sind, mag die Politik zwar ausblenden, aber die Bevölkerung erinnert sich noch sehr gut und schätzt offenbar auch das Handeln der Bausenatorin. Nicht zuletzt deshalb ist Die Linke derzeit in Berlin die stärkste Kraft.[23]

Der Bericht der Endlagerkommission

Vor über vierzig Jahren begann die deutsche Atomdebatte in Whyl, einer kleinen Gemeinde am Kaiserstuhl in der Nähe von Freiburg. Idyllisch am Rhein gelegen und bekannt für gute Weine. Auf den Radar kam das beschauliche Örtchen, als die Landesregierung plante, eine gewaltige Industriezone entlang des Rheins zu errichten, die Tausende von Arbeitsplätzen bringen sollte. Um genügend Energie zur Verfügung zu stellen, sollte in Whyl ein Atomkraftwerk errichtet werden. Man erwartete keine Probleme, denn noch galt Atomkraft als sauber und sicher. Umso überraschender, dass sich in der ruhigen Gegend plötzlich Widerstand formierte. Bauern, Handwerker und Hausfrauen, eigentlich die Kernklientel der regierenden CDU, besetzten kurzerhand den Bauplatz. Die friedliche Besetzung wurde von der Polizei mit Hunden und Wasserwerfern geräumt, aber der Grundstein für die Anti-AKW-Bewegung in Deutschland war gelegt. Das erste Mal wehrte sich die Bevölkerung in der BRD gegen ein Großprojekt einer Landesregierung. In Baden-Württemberg sollte sich dies ins kollektive Gedächtnis einprägen.

Neue Atomkraftwerke werden in Deutschland mittlerweile nicht mehr gebaut oder geplant. Es existiert derzeit aber auch keine konkrete Idee, wie die Entsorgung hoch radioaktiver Abfälle gehandhabt werden soll. Geplant ist die Errichtung eines Endlagers. Klar ist, dass keine Region in Deutschland sich darum reißen wird. Daher riefen Bundestag und Bundesrat 2014 die Kommission »Lagerung hoch radioaktiver Abfallstoffe« ins Leben, die 2016 ihre Empfehlungen abgab. Neben der Definition von Sicherheitsanforderungen und Auswahlkriterien sollte die Kommission auch Vorschläge für Öffentlichkeitsbeteiligung und Transparenz im Auswahlprozess erarbeiten. Man hatte aus der Vergangenheit und insbesondere den unzähligen Auseinandersetzungen um den Standort Gorleben gelernt. Die SPD-Politikerin Ute Vogt, Mitglied in der Endlagerkommission, schrieb 2016 in einem Beitrag über die Kommission: »Dass es eine neue Qualität der Bürgerbeteiligung bei der Suche nach einem Endlagerstandort geben muss und wird, ist unstrittig.«[24] In Anbetracht der undankbaren Aufgabe, einen Standort für ein Atommüllendlager zu finden, soll die Auseinandersetzung nicht mehr von der Bevölkerung erzwungen werden müssen, sondern direkt in den Entscheidungsfindungsprozess implementiert sein. Nach Vorgaben der Experten. Statt also Entscheidungen von oben herunter zu diktieren, wird nun die Beteiligung der Öffentlichkeit quasi von oben verpflichtend festgelegt. Die Kommission setzte sich aus Vertretern aus Wissenschaft, Umweltverbänden, Kirchen, Industrie, Gewerkschaften und Politik zusammen. Letztere hatten allerdings kein Stimmrecht bei der Verabschiedung des Abschlussberichts der Kommission. Die Entscheidung für einen Endlagerstandort wird also politisch gesteuert, aber in Teilen an Experten und auch die Öffentlichkeit abgegeben. Ein außergewöhnlicher Vorgang, um so eine außergewöhnliche Entscheidung zu treffen. Denn derzeit existiert auf der ganzen Welt kein einziges Atommüllendlager.

Im Abschlussbericht der Kommission wurde festgelegt, dass das Bundesamt für kerntechnische Entsorgungssicherheit geeignete Standorte vorschlägt, die anschließend öffentlich auf »Regionalkonferenzen« diskutiert werden sollen. Auf dieser Grundlage entscheiden dann Bundestag und Bundesrat über einen Standort. Der komplette Suchprozess wird von einem sogenannten Nationalen Begleitgremium beobachtet. In diesem Gremium sitzen neben unabhängigen Experten auch per Zufall ausgewählte Bürger sowie »Vertreter der jungen Generation«.

Die Kommission hat versucht, Spielregeln dafür aufzustellen, wie die Auseinandersetzung um den Endlagerstandort aussehen könnte. Spielregeln, die selbst ein Kompromiss sind. Ein Kompromiss, der ebenfalls auf langwierigen Auseinandersetzungen beruht. Jahrelang wurde darum gestritten, ob Gorleben als möglicher Standort ausgeschlossen werden soll oder nicht. Insbesondere Umweltschutzverbände wehrten sich vehement dagegen. Nun ist vorgesehen, dass kein Standort im Vorfeld ausgeschlossen werden soll. Dafür erfolgen keine weiteren Transporte von radioaktivem Material nach Gorleben. Die Grünen und Umweltverbände taten sich schwer damit, Gorleben nicht von vornherein auszuschließen. Der grüne Umweltminister von Schleswig-Holstein Robert Habeck fasste es am Ende so zusammen: »Viele mussten immer wieder über ihre Schatten springen. Aber alle wussten, dass es bei dieser Kommission um so etwas wie eine nationale Versöhnung geht – in einem Streit, der die Republik jahrzehntelang gespalten hat.«[25]

So steht nun ein Kompromiss, der den Grundstein für die nächste Auseinandersetzung legt. Eine Auseinandersetzung, die in jedem Fall kontrovers wird. Denn ganz egal, welche Entscheidung am Ende auf dem Papier steht, sie wird nicht von allen als richtig wahrgenommen werden. Bereits direkt nach Veröffentlichung des Abschlussberichts im Jahr 2016 brachten sich Bayern und Sachsen in Stellung und verlangten Nachbesserungen, die einen Standort in den eigenen Ländergrenzen quasi unmöglich machen würden. Man merkt also schnell: die Krux wird sein, die Notwendigkeit des Projektes gegenüber Einzelinteressen deutlicher herauszustellen.

Was kann also eine umfassende Beteiligung bei einem solchen Projekt leisten? Im Idealfall implementiert sie einen Prozess, in dem sich alle Beteiligten mitgenommen fühlen, so dass am Ende das Verfahren selbst die Entscheidung legitimiert, auch wenn der Einzelne ein anderes Ergebnis bevorzugt hätte. Das erfordert von allen beteiligten Akteuren ein gehöriges Maß an Willen zur Lösung sowie Vertrauen dahingehend, dass der Prozess tatsächlich ergebnisoffen ist. Erklärtes Ziel der Kommission ist es, eine möglichst breite gesellschaftliche Debatte zu initiieren und zu vermeiden, dass große Teile der Bevölkerung erst aufmerksam werden, wenn der Prozess bereits beendet ist. Denn dann ist es zu spät. Im Gegensatz zum Vorgehen in Gorleben – hier behaupteten noch die Erkundungsteams, dass sie nach Erdöl suchen würden – soll im Falle des zu errichtenden Endlagers eine möglichst hohe Transparenz herrschen. Diese gesamtgesellschaftliche Mammutaufgabe kann nur gelingen, wenn die unterschiedlichen Akteure sich in der Debatte wiederfinden und am Ende bereit sind, gegenseitig Zugeständnisse zu machen. Wie mühselig das wird, konnte die Kommission am eigenen Leib erfahren. Über Monate stritt man über einzelne Punkte, aber am Ende wurde der Bericht mit nur einer Gegenstimme abgesegnet.

Auch im Abschlussbericht nehmen die anstehenden Konflikte viel Raum ein. Der Konsens wird zwar als Verfahrensziel ausgegeben, doch Konflikte gelten »als Treiber des Verfahrens«[26]. Damit wird der Grundstein gelegt für eine »neue gesellschaftliche Konfliktkultur«, die von der Kommission als Voraussetzung für einen erfolgreichen Prozess definiert wurde.

Die jahrzehntelange Debatte um Atomkraft in Deutschland geht ihrem Ende entgegen. Aber absehbar ist es noch nicht. Die Endlagerkommission hat einen Prozess entworfen, der ungeheuer anspruchsvoll und gleichzeitig eine gewaltige Chance ist. Es ist richtig, dieses Thema auf diese Weise zu bearbeiten. Nur in einer solchen gesamtgesellschaftlichen Auseinandersetzung können wir eine demokratische Lösung für das Endlagerproblem finden: mit den Bürgern diskutiert und abschließend verhandelt im Deutschen Bundestag – der Herzkammer unserer Demokratie. Das Verfahren hat das Potential, unsere Debattenkultur fundamental zu beleben, und gehört schon allein deshalb zu den spannendsten Projekten, die wir gerade in der Politik vorfinden. Die Expertenkommission setzt ganz bewusst auf ein Mehr an Demokratie und Auseinandersetzung. »Lasst uns über den Atommüll streiten!«, forderte Jörg Sommer, einer der Vertreter der Umweltbewegung in der Kommission, in einem Beitrag für die *ZEIT*.[27] Gelingt es, diese Debatte zu einem guten Ergebnis zu führen, wäre es nicht nur das Ende eines jahrzehntealten Streits in Deutschland, sondern möglicherweise der Beginn einer neuen Streit- und Konfliktkultur.

Sternstunden des Streits

Der Paragraf 218

Der Streit um das Recht auf Abtreibungen beschäftigt Gesellschaften auf der ganzen Welt schon lange. Mit harten Bandagen wird dabei um grundsätzliche Wertfragen gestritten. Es lässt sich weder wissenschaftlich noch theologisch noch philosophisch abschließend beantworten, wann das menschliche Leben beginnt und wann das Selbstbestimmungsrecht einer Frau größeres Gewicht hat. Deshalb müssen solche Fragen politisch entschieden werden. Die Politik ist das einzige System, das kollektiv bindende Entscheidungen treffen kann, auch wenn sie nicht von allen Betroffenen geteilt werden. Damit sind die Fragen allerdings auch nicht abschließend beantwortet, sondern es können jederzeit neue Entscheidungen getroffen werden.

In Deutschland stehen Schwangerschaftsabbrüche seit 1871 grundsätzlich unter Strafe, und erst seit 1927 sind Abtreibungen zumindest aus medizinischen Gründen erlaubt. SPD und KPD hatten sich dafür starkgemacht, die Strafgesetzgebung zu reformieren, konnten sich aber nicht weiter durchsetzen. Nach dem Zweiten Weltkrieg dauerte es bis zur sozialliberalen Koalition unter Kanzler Willy Brandt ab 1969, bis sich die Politik wieder mit dem Thema auseinandersetzte. Im Zuge einer großangelegten Reform des Strafrechts sollten auch Änderungen am Paragrafen 218 vorgenommen werden. Die SPD-Abgeordnete Elfriede Eilers begründete das Vorhaben, eine Fristenlösung einzuführen, damit, dass es ein »entscheidender Schritt hin zur Eigenverantwortung und sozialen Gleichstellung der Frauen« sei.[28]

Im Vorfeld hatte eine Ausgabe des Magazins *Stern* für

Aufsehen gesorgt und eine breite gesellschaftliche Debatte zum Thema Abtreibung ausgelöst. Im Sommer 1971 prangten die Fotos von 28 Frauen auf dem Titelblatt, die sich im Heft gemeinsam mit 346 weiteren Frauen öffentlich dazu bekannten, abgetrieben zu haben (auch wenn im Nachhinein viele Beteiligte einräumten, nicht abgetrieben zu haben) – inklusive Prominenter wie Romy Schneider oder Senta Berger. Letztere erklärte in einem vierzig Jahre später erschienenen Dokumentarfilm ihre Beweggründe folgendermaßen: »Was wir wollten, waren zwei Dinge: erstens die Liberalisierung dieses Paragrafen und damit auch die Abschaffung der Diskriminierung der Frauen. Es ging natürlich gegen den Staat, und es ging gegen die Kirche.«[29] Man darf dabei nicht vergessen, dass damals auch in der Bundesrepublik mehrjährige Haftstrafen für eine Abtreibung drohten und keine der Frauen abschätzen konnte, wie ihr Umfeld, sei es privat oder beruflich, auf das Bekenntnis reagieren würde. Dass die Aktion keinen reinen Skandalcharakter hatte, wurde schon an ihrem Namen deutlich, der den politischen Anspruch impliziert: »Ich habe abgetrieben – und fordere das Recht dazu für alle Frauen«. Federführend war die Publizistin Alice Schwarzer, die damit den Impuls für die folgende Auseinandersetzung gab. Die frauenpolitische Auseinandersetzung, die in Europa und den USA im vollen Gang war, fand bis zu diesem Zeitpunkt in der deutschen Öffentlichkeit quasi nicht statt. Die Titelgeschichte des *Sterns* löste den Pfropfen, der diesen Konflikt bis dahin ruhiggehalten hatte.

Die gesellschaftliche Debatte hatte auch Deutschland erreicht, als die Regierung ihr Vorhaben publik machte, den Paragrafen 218 zu reformieren. Und das in einer Zeit, in der die Bevölkerung hochgradig politisiert war. Bei der

Bundestagswahl 1972 erreicht die Wahlbeteiligung mit 91,1 Prozent ihre, bis heute, höchste Marke.

So kontrovers, wie die deutsche Gesellschaft das Thema betrachtete, so kontrovers wurde es auch im Bundestag debattiert. Die Union lehnte den Vorschlag der sozialliberalen Regierung mit der Begründung ab, dass der Staat nach dem Grundgesetz auch dazu verpflichtet sei, das ungeborene Leben zu schützen.

Am 25. April 1974 traten insgesamt 27 Redner an das Pult. Die Generaldebatte begann am Morgen und endete erst nach Mitternacht. Die Abstimmung wurde erst am darauffolgenden Tag durchgeführt. Aufgrund der Emotionalität, mit der große Teile der Bevölkerung auf die Thematik reagierte, und dem gespaltenen Meinungsbild bemühten sich die Redner darum, Gemeinsamkeiten zu betonen und sachlich zu argumentieren. So sagte der damalige CDU-Abgeordnete Bernhard Vogel, dass der Bundestag eine würdige Debatte geführt habe und er glaube, »daß die Debatte dem großen Anspruch gerecht geworden ist und der Sache angemessen war«.[30] Dies lag insbesondere daran, dass die üblichen Konfliktlinien zwischen den Parteien aufgehoben waren. Innerhalb der Fraktionen gab es große Unterschiede bei der Bewertung des Themas, und so standen sich auch Parteifreunde mit unterschiedlichen Standpunkten gegenüber. Den Kern der Auseinandersetzung fasste der Abgeordnete Vogel, bei aller Betonung der Gemeinsamkeiten, so zusammen: »Die Freigabe der Abtreibung, und sei es nur befristet, relativiert für uns unverrückbare Grundpositionen und verändert unsere Wertordnung eben doch entscheidend. Das ist der Punkt, an dem wir aus unserem Gewissen heraus nicht in der Lage sind, mitzugehen.«[31]

Letztendlich stimmte der Bundestag knapp für den Gesetzesvorschlag der Koalition, aufgrund einer Klage beim Bundesverfassungsgericht wurde das Inkrafttreten jedoch verhindert. Die Straffreiheit von Schwangerschaftsabbrüchen stünde nicht im Einklang mit der im Grundgesetz verankerten Unantastbarkeit des menschlichen Lebens. 1976 verabschiedete der Bundestag daher eine Reform des Paragrafen 218, der Abtreibungen zwar weiterhin verbot, aber Strafen sollten ausbleiben, wenn die Schwangere »in besonderer Bedrängnis« sei. Dieser Kompromiss behielt seine Gültigkeit, bis im Zuge der Wiedervereinigung ein neues Modell entwickelt werden musste, das die beiden Rechtssysteme – in der DDR existierte seit 1972 eine Fristenlösung – vereinheitlichte. Heute ist der Schwangerschaftsabbruch weiterhin rechtswidrig, zieht aber keine Strafe nach sich, wenn er innerhalb von drei Monaten nach Schwangerschaftsbeginn vorgenommen wird. Ist die Gesundheit der Schwangeren in Gefahr oder liegt der Schwangerschaft ein Verbrechen zugrunde, ist ein Abbruch nicht rechtswidrig. In jedem Fall muss die Schwangere im Vorfeld ein Beratungsgespräch besuchen.

Schon anhand dieser komplizierten Regelung lässt sich erahnen, wie kontrovers dieses Thema behandelt wurde und wie schwierig es sein kann, kollektiv bindende Entscheidungen zu treffen, wenn solch grundsätzliche Fragen behandelt werden. Es gibt dabei keine Annäherung hin zu einem Endzustand, sondern es ist ein stetes Vor und Zurück. Je nach gesellschaftlicher Stimmung und sich wandelnden Machtverhältnissen kann es auch Schritte zurück zu restriktiveren Lösungen geben. In Polen, eines der Länder mit den strengsten Abtreibungsgesetzen, plant die Regierung, dieses noch weiter zu verschärfen, und auch in

Spanien scheiterte die Regierung 2010 nur knapp mit einer Verschärfung des Gesetzes.

In Deutschland ist die Debatte wieder aufgeflammt, als eine Gießener Ärztin im November 2017 zu einer Geldstrafe von 6000 Euro verurteilt wurde, weil sie auf ihrer Webseite darüber informierte, dass sie Abtreibungen vornehme und wie diese abliefen. Nach Paragraf 219a ist das ein Verstoß gegen das Verbot von Werbung für Schwangerschaftsabbrüche. Verschiedene Parlamentarierinnen sahen daraufhin Handlungsbedarf. Im Bundestag existiert ein Netzwerk von Frauen- und Rechtspolitikerinnen, die sich fraktionsübergreifend mit Themen auseinandersetzen. Eine interessante Konstellation, die sich von anderen unterscheidet, wie auch die Abgeordnete Eva Högl, SPD, betont: »Erstens sind wir uns, glaube ich, persönlich auch sympathisch und können auch gut miteinander und wir orientieren uns wirklich ganz klar auf die Sachthemen. Also wir diskutieren rein fachlich und lassen alles, was sonst so im politischen Betrieb auch eine Rolle spielt, mal außen vor.«[32] Ob sich das Netzwerk beim Paragrafen 219a auf einen Kompromiss einigen kann, bleibt offen. Während manche das Recht auf Information betonen, wollen andere verhindern, »dass Abtreibung als normale ärztliche Leistung angesehen wird«.[33] Klar ist aber, den vor zwanzig Jahren geschlossenen Kompromiss wollen auch die Gegner des Werbeverbots nicht antasten. Weil er den langanhaltenden Konflikt einigermaßen befrieden konnte, soll kein erneuter Streit heraufbeschworen werden.

Die Debatte steht exemplarisch für langwierige Aushandlungsprozesse, deren Ende nicht abzusehen ist und die immer wieder zu neuen Debatten führen. Sie brodeln ununterbrochen und brechen an bestimmten Punkten immer wieder auf, bevor sie durch Kompromisslösungen zumindest temporär befriedet werden.

Solche Debatten sind es, die eine demokratische Streitkultur aushalten muss. Unterschiedliche Standpunkte prallen aufeinander, ringen um die Deutungshoheit und finden letztendlich Kompromisse, in denen alle Seiten aufeinander zugehen. Überspitzte Formulierungen, Profilierungsversuche und Diffamierungen bergen in diesem Fall die Gefahr, sich dem Vorwurf des Zynismus ausgesetzt zu sehen oder die eigene Klientel zu vergraulen. Dadurch reguliert sich die Debatte quasi selbst.

Die Regelung zur Sterbehilfe

In anderen Fällen stoßen gesellschaftliche Entwicklungen die Politik unfreiwillig auf zu bearbeitende Fragestellungen. Wollten die Frauen rund um Alice Schwarzer eine breite gesellschaftliche Debatte initiieren, gilt das für die Auslöser der folgenden Debatte keinesfalls. Im November 2014 kam der Deutsche Bundestag zusammen, um neue gesetzliche Regelungen zur Sterbehilfe zu finden. Wiederum ein besonders wertgeladenes Thema, das über die Grenzen der Politik hinaus kontrovers diskutiert wurde. Die aktive Sterbehilfe war in Deutschland bereits verboten, die passive Sterbehilfe erlaubt. Ebenso die sogenannte Beihilfe zur Selbsttötung. Verschiedene Vereine boten den assistierten Suizid an.

Dieser Bereich sollte ursprünglich bereits 2012 reformiert werden. Damals hatte die schwarz-gelbe Regierungskoalition einen Gesetzesentwurf vorgelegt, der ein Verbot der gewerblichen Sterbehilfe vorsah. Der Gesetzentwurf hatte das Kabinett bereits passiert, wurde dann aber von der Union wieder zurückgezogen, nachdem es zu Protesten der Kirchen kam, da die »gewerbsmäßige«, jedoch nicht die »organisierte« Sterbehilfe strafbar werden sollte. Die stellvertretende CDU-Vorsitzende Julia Klöckner bezeichnete das Gesetz sogar als »Abschied von der Humanität«.[34] Die damalige Justizministerin Sabine Leutheusser-Schnarrenberger machte jedoch deutlich, dass sie die Reform notfalls platzen lassen würde, wenn die Union weitere Einschränkungen zur Bedingung mache. So blieb die Gesetzeslücke, und es konnte weiterhin ein assistierter Suizid angeboten und damit auch Geld verdient werden. Über alle Parteigrenzen hinweg kritisierten die Parlamentarier diese Möglichkeit in der Debatte im November 2014. Die kommerzielle Sterbehilfe fand keine Fürsprecher, während die Forderung nach Verbesserungen in der Palliativmedizin und -infrastruktur von allen geteilt wurde.

Doch diese gemeinsamen Ziele konnten die fundamentalen Differenzen nicht überdecken. Auch hier traten innerhalb der Fraktionen Konflikte auf. Klöckners Parteikollege Peter Hintze sprach sich offen dafür aus, dass Ärzte, die Patienten beim Suizid helfen, nicht bestraft werden dürften. Nachdem sich der damals amtierende Gesundheitsminister Hermann Gröhe und CDU-Fraktionschef Volker Kauder für eine restriktive Gesetzgebung ausgesprochen hatten, sagte Hintze in einem Interview mit dem *Spiegel*: »Meiner Ansicht nach sollte der ärztlich assistierte Suizid in unerträglichen Situationen am Lebensende ohne jeden Zweifel straffrei sein, wenn der Patient dies wünscht und der Arzt in einer Gewissensentscheidung zu dem Ergebnis kommt, dass er diesem Wunsch nachkommen will.«[35] Er konnte in seiner Fraktion keine Mehrheit dafür finden, und so kam es, dass dem Bundestag im Juli 2015 insgesamt vier Gesetzesentwürfe vorlagen, die von fraktionsübergreifenden Gruppen eingereicht wurden. Außerdem ein kurzfristig eingereichter Antrag, der vorsah, nichts an der Rechtslage zu ändern, da aufgrund der geringen Fallzahlen eine Reform nicht notwendig sei.

Zu einer Entscheidung kam es im November des gleichen Jahres. Drei Stunden lang rangen die Parlamentarier miteinander, bevor bereits im ersten Wahlgang der Vorschlag der Abgeordneten Michael Brand, CDU, und Kerstin Griese, SPD, die absolute Mehrheit erhielt. Der Vorschlag sah vor, die Assistenz beim Suizid grundsätzlich zu verbieten. Ausnahmen sollten nur in Ausnahmefällen und nur durch nahestehende Personen, nicht durch Ärzte oder Organisationen, möglich sein. Am 10. Dezember 2015 wurde das Gesetz rechtmäßig, zog allerdings eine ganze Reihe von Klagen beim Bundesverfassungsgericht nach sich. Eine Entscheidung steht derzeit noch aus.

Die Debatte rund um das Gesetz gilt bis heute als beispielhaft für eine kontroverse, aber dennoch sachliche und respektvolle Auseinandersetzung um ein hoch emotionales Thema. Nicht zuletzt, weil eine ganze Reihe von Abgeordneten selbst persönliche Erfahrungen mit einbrachten. Die Redebeiträge kamen dabei hauptsächlich von Fachpolitikern, während sich die üblichen Verdächtigen im Hintergrund hielten. Auch Zwischenrufe blieben aus.

Unabhängig von ihrem Ausgang hat die Debatte es geschafft, das Thema Sterben in die Öffentlichkeit zu tragen. Das lange tabuisierte Thema wurde erstmals offen diskutiert und bekam die Aufmerksamkeit, die es aufgrund seiner Relevanz auch benötigt. Durch die Diversität der eingebrachten Anträge wurde darüber hinaus auch verhandelt, wie sehr der Staat über den Einzelnen bestimmen darf. Renate Künast (Grüne), die gemeinsam mit der Abgeordneten Petra Sitte (Linke) einen Gesetzentwurf einbrachte, der Sterbehilfe erlauben sollte, solange damit kein Profit erzielt würde, sagte in ihrem Redebeitrag: »Wir müssen den Menschen diese Freiheit lassen, auch wenn wir persönlich anderer Meinung sind.«[36]

Worüber wir nicht gestritten haben, es aber tun sollten

Der Verteidigungsetat

Auch in der Politik gibt es Themen, bei denen Streit vorprogrammiert ist: beispielsweise Geld. Die Vorstellung des Haushalts bietet der Opposition regelmäßig die Gelegenheit zur Generalabrechnung mit der Politik der Bundesregierung. Aber auch innerhalb der Regierung wird gestritten, denn nicht immer ist man sich einig darüber, welches Ressort wie viele Ressourcen benötigt. Bisher größter Streitpunkt in dieser Legislaturperiode: der Verteidigungetat. Derzeit gibt die Bundeswehr kein gutes Bild ab. Die Einsatzbereitschaft wichtiger Waffensysteme ist nur in Teilen gewährleistet. Sie sei, so der Wehrbeauftragte Hans-Peter Bartels, »dramatisch niedrig«.[37]

Bundesverteidigungsministerin Ursula von der Leyen von der CDU hat in dieser Legislaturperiode zwölf Milliarden Euro mehr für ihr Ressort gefordert. SPD-Finanzminister Olaf Scholz plant jedoch eine Erhöhung um

»nur« rund 5,5 Milliarden Euro. Er lehnt höhere Rüstungsausgaben ab: »Ein verteidigungspolitisches Konzept wird nicht schon dadurch gut, dass es teuer ist.«[38] Das Verteidigungsministerium drohte anschließend mit dem Ende von internationalen Rüstungsprojekten, für den Fall, dass die Mittel nicht aufgestockt würden.

Von der Leyen hat großes Interesse daran, ihr Ansehen in der Truppe durch bessere Ausstattung zu steigern. Auf der anderen Seite möchte Olaf Scholz beweisen, dass auch ein SPD-Finanzminister einen ausgeglichenen Haushalt vorlegen kann. Beide Politiker sehen sich noch nicht am Ende der Karriereleiter.

Aus CDU- und Ministeriumssicht liegt das Problem der mangelhaften Ausstattung der Bundeswehr insbesondere an der fehlenden Finanzierung. Der Vorsitzende des Auswärtigen Ausschusses, Norbert Röttgen, CDU, sagte, dass die Forderungen zwar nach viel klängen, sich aber an der unteren Grenze des Notwendigen bewegten. Der SPD-Haushaltspolitiker Johannes Kahrs konterte daraufhin, dass es wichtiger sei, dass das Ministerium die eigenen Abläufe optimiere. Denn bisher hat das Ministerium jedes Jahr Geld an den Finanzminister zurückgegeben, da es nicht gelang, die Mittel rechtzeitig zu investieren. Auch die Grünen kritisierten, dass die Bundeswehr nicht mehr Geld bräuchte, wenn das verfügbare Budget sinnvoller eingesetzt würde. Die Linke führte hingegen an, dass die Forderungen der Ministerin ein »Kniefall« vor Donald Trump seien, der Deutschland dazu drängt, die NATO-Vorgabe von Verteidigungsausgaben in Höhe von zwei Prozent des Bruttoinlandsproduktes zu erreichen. Dadurch gewinnt die Auseinandersetzung auch an internationaler Brisanz und wird von den Bündnispartnern genau verfolgt. Ursula von der Leyen befindet sich in der verwirrenden Situation, dass sie auf nationaler Ebene mehr Geld fordern und auf internationaler Ebene die geringeren Verteidigungsausgaben Deutschlands rechtfertigen muss. Hier argumentiert sie sehr nah an Olaf Scholz, wenn sie beispielsweise darauf verweist, dass die NATO nicht automatisch davon profitiere, wenn mehr Geld in den Verteidigungshaushalt gesteckt würde.

Während über den Verteidigungshaushalt gestritten und debattiert wird, gerät jedoch eine weitere notwendige Auseinandersetzung ins Hintertreffen. Nämlich eine grundsätzliche Diskussion über die Verteidigungspolitik Deutschlands. Schon auf Seite 18 des aktuellen Koalitionsvertrages ist festgehalten, dass die Bundesregierung »Orientierungsdebatten zu den großen innen- und außenpolitischen Themen« führen möchte.[39] Eine grundsätzliche Debatte zu den Aufgaben der Bundeswehr fehlt in Deutschland, seit ihre Abschreckungsfunktion mit dem Ende des Ost-West-Konfliktes massiv an Bedeutung verloren hat. Es gibt keine konsistente Haltung zu Auslandseinsätzen der Bundeswehr. An manchen Einsätzen beteiligt man sich ohne UN-Mandat (Kosovo), an anderen nicht, obwohl Deutschland ein UN-Mandat hat (Libyen). Auseinandersetzungen darüber, ob eine Finanzierung von zwei Prozent des Bruttoinlandsproduktes ausreichen, können eigentlich nicht geführt werden, ohne solche grundsätzlichen Fragen ebenfalls zu diskutieren. Auch deshalb ist es für Bürger so schwierig, sich zur Finanzierung der Bundeswehr eine Meinung zu bilden. Es fehlt der Diskurs darüber, was wir von ihr eigentlich erwarten. Die Ursache dafür liegt in der Schnelllebigkeit der Politik. Die Aufmerksamkeitsspanne für einzelne Fragestellungen ist verhältnismäßig kurz.

Und im politischen Alltag findet sich ganz einfach keine Zeit, solche grundsätzlichen Debatten zu führen. Auch der Haushalt beschäftigt uns nur so lange, bis er verabschiedet ist. Erst wenn der nächste Entwurf vorliegt, wird er wieder interessant.

Durch die Fokussierung auf die Finanzierungsfrage findet im Streit um den Verteidigungsetat eine Komplexitätsreduktion statt, die aufgrund der begrenzten politischen Ressourcen auch notwendig ist. Grundsätzliche Debatten ohne einen konkreten Anlass müssen quasi neben dem politischen Betrieb organisiert werden. Bislang findet dies leider nicht statt. Die Aufgaben der Bundeswehr wären ein willkommener Anlass. Auf der anderen Seite würde eine solche Debatte die Aufmerksamkeit noch stärker auf die Mängel bei der Bundeswehr lenken und kann daher, zumindest vom Verteidigungsministerium, nicht gewollt sein, da auch die eigenen Fehler Teil dieser Debatte wären.

Die deutsche Bevölkerung hat es außerdem bisher an der Wahlurne goutiert, wenn Regierungen die Bundeswehr aus Konflikten herausgehalten haben. Die öffentliche Meinung läuft hier diametral zum Anspruch des deutschen Staates, der außenpolitisch mehr Verantwortung übernehmen und darüber Macht erhalten will. Früher oder später wird dazu auch vermehrtes militärisches Engagement nötig sein. Dies sehen zwar auch viele Politiker so, aber zu groß sind die Ängste davor, über solche Aussagen zu stolpern. Wenn die grundsätzliche Debatte über eine Neuausrichtung der Bundeswehr aber weiterhin nicht geführt wird, wird sich dies früher oder später rächen, da sämtliche verteidigungspolitischen Entscheidungen nicht mehr in einen größeren Kontext einzubetten sind.

Der 15. September 2008 veränderte die Wirtschafts- und Finanzwelt auf dem gesamten Globus. Es war der vorläufige Höhepunkt der Krise der Finanzbranche. Während bereits auf der ganzen Welt Finanzdienstleister mit schweren Verlusten bis hin zu Insolvenzen kämpften, kollabierte an diesem Tag die US-Bank Lehman Brothers, einer der größten Player an der New Yorker Wall Street. Die US-Regierung hatte sich geweigert, durch die Übernahme von Garantien den Zusammenbruch der Bank zu verhindern. Der Dow Jones stürzte in der Folge ab, und aus der Immobilienkrise in den USA war eine Weltwirtschafts- und -finanzkrise geworden, die nun endgültig die Politik erreicht hatte.

Regierungen stellten Bürgschaften in Milliardenhöhe zur Verfügung, um den Crash weiterer Banken zu verhindern. In Deutschland waren vor allem Landesbanken ins Schleudern geraten und machten teilweise Milliardenverluste. Bei einem Krisentreffen der G7-Finanzminister wurde am 10. Oktober 2008 ein gemeinsamer Aktionsplan verabschiedet, um weitere Bankencrashs zu verhindern. Darin legte man fest, dass »alle notwendigen Schritte« unternommen würden, um den Banken weiter Zugang zu Liquidität und Finanzierung zu sichern. Die Bankeinlagen der Bürger sollten über staatliche Bürgschaften gesichert werden, um den Vertrauensverlust der Bevölkerung in das Finanzwesen nicht weiter zu befeuern und zu verhindern, dass massenhaft Konten leergeräumt würden. Drei Tage später einigte sich die Große Koalition auf ein Rettungspaket für die deutschen Banken. Insgesamt sollte die enorme Summe von 500 Milliarden Euro zur Verfügung gestellt werden.

Ein rekordverdächtiges Gesetz. Nicht nur, weil es die bislang teuerste Maßnahme der Bundesrepublik war, sondern auch aufgrund des enormen Zeitdrucks, unter dem es zustande kam. Nachdem das Kabinett den Gesetzentwurf verabschiedet hatte, sollte er innerhalb von nur einer Woche sowohl durch Bundestag als auch Bundesrat gehen.

So stand Kanzlerin Angela Merkel bereits am 15. Oktober 2008 im Bundestag, um im Vorfeld der ersten Lesung eine Regierungserklärung abzugeben, in der sie aufgrund der Dramatik der Situation davon sprach, dass es eine »Pflicht« sei, das Maßnahmenpaket zu verabschieden. Bereits am 17. Oktober 2008 wurde das Gesetz mit den Stimmen von Union, SPD und FDP verabschiedet, vom Bundespräsidenten unterschrieben und im Bundesgesetzblatt verkündet. Am 18. Dezember trat es, nur fünf Tage nach seiner Ankündigung, in Kraft.

Die Opposition hatte bereits im Vorfeld der Debatte deutlich gemacht, dass sie die Notwendigkeit des Gesetzes anerkenne, übte aber dennoch Kritik. Guido Westerwelle von der FDP fasste das folgendermaßen zusammen: »Weil schnelles Handeln nötig ist, haben wir einer schnellen parlamentarischen Beratung zugestimmt. Das heißt ausdrücklich nicht, dass wir jedes Detail, jedes Instrument, jede Maßnahme dieses Gesetzes, vor allem die Verordnungswege, am Schluss auch unterstützen.«[40] Ähnliches hörte man auch von den Grünen, deren Fraktionsvorsitzender, der heutige Stuttgarter Oberbürgermeister Fritz Kuhn, anmerkte, dass das Rettungspaket zwar notwendig, aber in der Art verkehrt sei. Die Linke sprach davon, dass es sich nicht um eine Finanzmarktkrise handele, sondern um eine Krise der Demokratie sowie der Wirtschafts-

und Sozialordnung. Oskar Lafontaine kritisierte, dass die Politik nach wie vor von den Finanzmärkten beherrscht werde und es globale, strengere Regulierungen benötige, um zukünftige Krisen zu verhindern. Auf der anderen Seite sagte Peter Ramsauer von der CSU, dass das politische Handeln in dieser Krise ein Beleg dafür sei, dass das demokratische System und der Parlamentarismus handlungsfähig seien.

Ganz unrecht hatte Ramsauer mit dieser Aussage nicht. Die Ausgangslage war dramatisch. Angela Merkel sprach in ihrer Regierungserklärung, die zweite innerhalb einer Woche, von der »schwersten Bewährungsprobe« für die Wirtschaft seit den zwanziger Jahren. Die Weigerung der US-Regierung, Bürgschaften zu übernehmen, hatte gewaltige Auswirkungen, und die Angst vor einer Wiederholung war groß. Eile schien also geboten.

Das Parlament stand vor einer »besonderen Herausforderung«, wie auch der damalige Bundestagspräsident Norbert Lammert im Vorfeld der Debatte betonte. Den Parlamentariern blieb kaum Zeit, sich mit dem komplexen Gesetzentwurf auseinanderzusetzen. Es war völlig illusorisch, zu erwarten, dass dieses gewaltige Gesetzespaket von der Mehrheit der Abgeordneten in seiner Komplexität durchschaut werden könnte. Sämtliche üblichen parlamentarischen Fristen wurden für das Gesetzgebungsverfahren ausgesetzt. Die Geschäftsordnung des Bundestages sieht nämlich eigentlich eine Frist von drei Wochen zwischen der Vorlage eines Entwurfs und der Debatte vor. Selbst der Bundespräsident musste das Gesetz deutlich schneller unterzeichnen, als es die Regel ist. Die Mitarbeiter in Bundestag und Bundesrat wurden zu Sonderschichten beordert und die Anhörungsrechte der Abgeordneten auf ein Minimum reduziert. Alle Parteien, auch Linke und Grüne, haben diesen Sonderregelungen zugestimmt.

Angesichts der Tatsache, dass sich die Ereignisse überschlugen, befürchteten alle Akteure, am Ende für weitere Zusammenbrüche, Marktcrashs und im schlimmsten Fall für den Verlust von privaten Spareinlagen verantwortlich gemacht zu werden. Alle Parteien waren sich im Grunde einig, dass es keine Alternative zu den geplanten Maßnahmen gab, und waren bereit, dafür elementare Parlamentsrechte und -aufgaben zu opfern. Viele Regelungen wurden auch nicht im Gesetz festgelegt und sollten später in Form von Verordnungen allein vom Kabinett verabschiedet werden. Den Parlamentariern war dies zwar bewusst, aber die »patriotische Verantwortung«[41] (Westerwelle), die »Solidarität der Demokraten«[42] (Lammert) oder das »gemeinsame Verantwortungsbewusstsein«[43] (Steinbrück) schien bei allen größer zu sein als die Bedenken.

In gewisser Weise hatte Lafontaine also recht mit seinem Vorwurf, dass die Politik von den Finanzmärkten beherrscht wird. Die Gesetzgebungsverfahren wurden an den rasenden Takt der Börsen angepasst, in dem Sekundenbruchteile über Milliarden entscheiden können. Die Auseinandersetzung wurde dafür auf ein Minimum reduziert, weil das übliche Verfahren nicht mit der Geschwindigkeit mithalten konnte. Nicht nur Politiker hatten kaum Zeit, sich mit der Vorlage zu befassen, auch Journalisten hatten kaum Gelegenheit, die Inhalte aufzubereiten und damit den Grundstein für eine öffentliche Meinungsbildung zu legen. Die Beschleunigung der Politik, die durch (soziale) Medien und Globalisierung immer weiter voranschreitet, wurde hier in ihrer bisher krassesten Form sichtbar.

Eine solche Dynamik führt dazu, dass eine große Zahl

von gewählten Repräsentanten nicht zweifelsfrei sagen können, dass sie von dem Gesetzesvorhaben überzeugt waren. Sie hielten es in dem Moment ganz einfach für die einzige Handlungsoption. Dadurch entsteht auch bei der Bevölkerung das Gefühl, dass ihre Wahlentscheidung nicht zwangsläufig Einfluss auf die Politik eines Landes hat. Was also tun? Politikverdrossenheit oder den Zusammenbruch der Finanzmärkte riskieren? Ein Dilemma, das sich nicht lösen lässt. Klar ist nur: Die seinerzeit radikal verkürzte Debatte lässt sich nicht nachholen. Ein totaler Zusammenbruch der Finanzmärkte konnte zwar verhindert werden, die Demokratie aber hat erheblichen Schaden genommen.

Guter Streit, was ist das eigentlich?

Was können wir nun aus all den Debatten, die geführt oder auch nicht geführt worden sind, lernen? Was sind Voraussetzungen für gelungene Debatten, was lässt sie scheitern?

Die wichtigste Voraussetzung scheint zunächst darin zu liegen, dass dem Streit überhaupt Raum eingeräumt wird. Dass die kommunikativen Möglichkeiten bestehen, sich zu einem Thema auszutauschen, zu diskutieren und zu debattieren. Wie gerade an den aktuellen Beispielen zum Verteidigungsetat oder zur Bankenrettung deutlich wird, besteht aber oftmals gar kein Interesse an solchen Möglichkeiten. Beispielsweise kann die Debatte mit Ultimaten, Drohungen, Fristsetzungen verhindert oder verkürzt werden.

In der Politik sind Ultimaten aufgrund von Zeitnot zwar

legitime Druckmittel, um in Verhandlungen weiterzukommen. Der Streit leidet aber immer darunter. Ein Ultimatum löst die Debatte vom Argument und erzeugt einen Handlungsdruck, der zwar oft, aber eben nicht immer notwendig ist. Der hypersensible Einsatz von Ultimaten und Rücktrittsdrohungen kann in vielen Fällen ein Druckmittel desjenigen sein, der die Debatte eben nicht führen möchte, sondern lediglich darauf wartet, dass seine Pläne möglichst schnell verwirklicht werden. Häufig wird auch, statt mit dem eigenen Rücktritt zu drohen, ein Rücktritt gefordert. Solche Forderungen können absolut legitim sein, wenn sich die entsprechenden Personen zu grobe Fehler leisten, ihren Auftrag nicht mehr ausfüllen oder durch andere Handlungen oder Aussagen Respekt, Ansehen und Integrität verloren haben, um das ihnen übertragene Amt noch mit Würde ausfüllen zu können. Rücktrittsforderungen können aber auch machtpolitisches Kalkül bedeuten. Sie können legitim sein, müssen aber nicht nur mit einer personellen, sondern insbesondere einer inhaltlichen Alternative verknüpft werden, um Grundlage einer Debatte zu sein. Werden Probleme lediglich an einer Person festgemacht, entsteht der Eindruck, dass ein Personalwechsel allein ausreicht, um sie zu lösen. Dies resultiert in einer Debatte, die Komplexität so weit reduziert, dass sie zwangsläufig ins Populistische driftet. Plakative Aussagen können zwar Mittel, aber niemals Zweck von Streit sein. Im Kern muss immer ein inhaltlicher Konflikt stehen, über den auf Grundlage von Argumenten und Alternativen gestritten werden kann. Andernfalls bewegt sich die Auseinandersetzung auf einer Symbolebene, die einer empirischen und damit streitbaren Grundlage entbehrt. Leidenschaft ist ein notwendiger Bestandteil politischer Debatten, aber das

Persönliche darf das Politische nicht überlagern. Weder bei der eigenen Zielsetzung noch in der Auseinandersetzung.

Ein guter Indikator für sinnvolle Debatten scheint zu sein, ob sie in der Bevölkerung auf großen Widerhall treffen oder vielleicht sogar von ihr initiiert wurden. Debatten, die aus der Bevölkerung kommen, müssen aufgegriffen werden und im Idealfall auch mit ihr geführt werden. Je besser die Bevölkerung am Streit teilhaben kann, sei es aktiv oder passiv, umso besser für den Streit und die öffentliche Meinungsbildung. Dazu müssen auch in Vorgänge, die auf den ersten Blick nur wenig Interesse wecken, Phasen der öffentlichen Auseinandersetzung integriert werden. Ansonsten kommt es zu einem, wie wir es in Anlehnung an das sogenannte Beteiligungsparadoxon nennen wollen, Debattenparadoxon. Solange der Streit noch in einer frühen Phase ist, man Zeit hat, grundsätzlich über das Thema zu diskutieren, ist das öffentliche Interesse daran meist gering. Häufig erfahren wir erst von Debatten, wenn viele bereits geführt wurden und Entscheidungen immer näher rücken. Dann wächst das öffentliche Interesse, während die Möglichkeiten des Streits weiter abnehmen. Dann streitet man nur noch über Detailfragen, das große Ganze scheint nicht mehr zur Diskussion zu stehen. Dazu ist von den politischen Eliten eine Belebung der Debatte in der Öffentlichkeit gefordert. Sie müssen von Anfang an kommunizieren, dass und warum das Thema den Streit wert ist, und ihn auch in gewisser Weise vorleben.

Ein guter Streit beginnt also früh. Im Idealfall ist er in den Prozess der Bearbeitung eines politischen Problems so implementiert, dass alle Betroffenen sich dabei mitgenommen fühlen. Dazu muss von allen Seiten eine Haltung gegenüber dem Konflikt vorhanden sein, die ihn nicht als Störung, sondern als Treiber gesellschaftlichen Fortschritts betrachtet. Eine Haltung, die die eigene Meinung eben nicht als die einzig wahre betrachtet, sondern als eine Möglichkeit von vielen. Die Bereitschaft zur Debatte ist gleichzeitig ihre wichtigste Voraussetzung. Wenn wir im Privaten ein Gespräch führen, würde wahrscheinlich jeder von uns sagen, dass es elementar ist, dass man sich gegenseitig zuhört. Phasen des Zuhörens ermöglichen es uns, ein Stück weit innezuhalten und die eigenen Argumente gegen jene des Gegenübers abzuwägen. Solche Phasen brauchen wir auch in der öffentlichen Debatte. Phasen, in denen wir nicht nur damit beschäftigt sind, die eigene Position darzustellen, sondern in denen man sich auf das Gegenüber einlässt, in denen nicht nur reine Ablehnung herrscht und genauso wenig reine Zustimmung. Nur wenn wir uns streiten, uns im wahrsten Sinne des Wortes mit unserem Gegenüber auseinandersetzen, treten nämlich auch jene Punkte hervor, die wir gemeinsam haben und die die Basis für eine gemeinsame Politik darstellen. Man muss nicht immer Kompromisse oder gar einen Konsens finden, aber eine gemeinsame Grundlage des Streits ist der Kern des politischen Lebens. Ein gemeinsamer Kern von Werten und Normen, der aber darüber hinaus keine Verbote kennt. Quasi ein Startpunkt, an dem sich die Mitglieder einer Gesellschaft immer wieder versammeln können, um von ihm ausgehend die verschiedenen Argumente abzuwägen. Denn letztendlich können wir auch unsere politischen Gegner nur in der Diskussion widerlegen. Mit dem Risiko, dass auch wir jederzeit widerlegt werden können. Mit der Chance, dass wir eine gemeinsame Lösung finden.

Streit und Zoff in der Erregungsindustrie

Wir haben uns in den vorausgegangenen Kapiteln den Themen und den Protagonisten des Streits gewidmet – in diesem Kapitel stehen die »Bürger«, »Zuhörer« und »Zuschauer« und die »Surfer« im Mittelpunkt. Aber auch die Journalisten, YouTuber und alle anderen Produzenten von Content. Denn nicht nur wie und worüber gestritten wird, ist relevant, sondern auch, wo und vor wem. Daraus ergeben sich ganz bestimmte Anforderungen an diejenigen, die den Diskurs prägen. Gleichzeitig sind immer mehr Akteure aufgetaucht, die sich in Debatten positionieren, und die Grenzen zwischen Diskutanten und »Publikum« verschwimmen.

Wo wird heute eigentlich gestritten? Wie erfahren wir von Debatten und wie breiten sie sich aus? Schließlich sind wir selten live dabei, wenn es zum politischen Streit kommt, sondern bekommen ihn vermittelt. Vielleicht beschäftigt uns das Thema schon länger, aber das ist kein Indikator dafür, dass wir es mit einem politischen Streit zu tun haben, der große Teile der Gesellschaft beschäftigt. Viel mehr existieren verschiedene Arenen des gesellschaftlichen Streits, die jeweils unterschiedlich hohe Zugangshürden haben. In denen entweder ein ausgewählter Kreis diskutiert, oder in denen sich jeder beteiligen kann.

Sie sind alle miteinander verbunden. Wie bei einem Mobile hat Bewegung in der einen Arena immer einen Effekt auf die anderen Arenen, und ein Streit in der einen kann schnell in eine andere überschwappen.

Eine solche Arena, die frei von Zugangshürden ist, finden wir online. Das Internet bietet jedem die Möglichkeit, eigene Beiträge zu verfassen und mit der Welt zu teilen. Ohne eine Prüfung der Relevanz, des Wahrheitsgehalts oder sonstiger Qualitätsmerkmale. Die Publikationsmöglichkeiten und damit auch das Informationsangebot sind quasi unbegrenzt. Nutzer haben die Möglichkeit, auf unterschiedlichste Quellen zurückzugreifen, sie können sich aber auch dafür entscheiden, sich nur noch in Filterblasen aufzuhalten und den restlichen Diskurs für sich auszuklammern. Sie können sich mit Akteuren auf der ganzen Welt austauschen, und verschlüsselte Zugänge ermöglichen Austausch in Ländern, deren autokratische Regime das bislang unterdrücken konnten. Doch ein Blick auf einschlägige Webseiten oder in die Kommentarspalten der Nachrichtenportale offenbart auch, dass das politische Gegenüber oft nicht mehr als Gegner, sondern als Feind betrachtet wird. Die Anonymität enthemmt, und eine Auseinandersetzung wird nicht mehr gesucht, sondern jeglicher anderen Meinung wird mit Hass begegnet.

Andere Arenen haben deutlich höhere Zugangshürden als das Internet. Das Herzstück der politischen Auseinandersetzung ist in jeder Demokratie natürlich das Parlament, das Hohe Haus sozusagen. Hier liefern sich – idealerweise – Abgeordnete zu den unterschiedlichsten politischen Themen und Positionen einen Schlagabtausch. Im Jahr 2016 gab es im Deutschen Bundestag 63 Sitzungstage, an denen insgesamt 148 Gesetze verabschiedet wurden. Es wäre illusorisch, davon auszugehen, dass jedes einzelne Vorhaben ausgiebig im Parlament erörtert wurde. Die Debatte im Parlament dient vielmehr zur Legitimierung der Vorhaben vor der Öffentlichkeit und zur Inszenierung der Auseinandersetzung, um darüber zu erklären, warum man sich für etwas entschieden hat oder was man selbst anders machen würde. Wir haben in Deutschland ein sogenanntes Arbeitsparlament, in dem die eigentliche inhaltliche Arbeit in den Ausschüssen erfolgt. Es gibt aber auch Redeparlamente, in denen die öffentliche Auseinandersetzung einen höheren Stellenwert hat. Hier werden politische Vorhaben direkt im Plenum diskutiert und nicht an Ausschüsse übergeben. Das Redeparlament par excellence ist das britische Unterhaus. Hier liefern sich die Abgeordneten engagierte, zum Teil auch überhitzte Schlagabtausche – die enge Bestuhlung des Parlamentes, in dem sich beide Parteien direkt gegenübersitzen, heizt dies noch zusätzlich an.

Das Parlament führt uns direkt zu einer weiteren Arena der Auseinandersetzung: der Partei. In Artikel 21 Absatz 1 Satz 3 des Grundgesetzes ist definiert, dass die innere Ordnung der Parteien in Deutschland demokratischen Grundsätzen entsprechen muss. Damit ist die Grundlage für den innerparteilichen Streit juristisch festgelegt. Machen wir uns aber für einen Moment auch klar, wie Parteien eigentlich entstehen. Sie entstehen entlang gesellschaftlicher Konfliktlinien – das heißt, der Konflikt, der inhaltliche Streit ist eigentlich schon Programm. Auf Parteitagen, in Orts- und Kreisverbänden wird um die inhaltliche Ausrichtung einer Partei gestritten und gekämpft, mal härtere, mal zahmere Flügelkämpfe sind zu beobachten. Die Kunst der innerparteilichen Auseinandersetzung ist es, sie nur begrenzt nach außen dringen zu lassen. Regelmäßig werden Parteien, die ein uneinheitliches Bild nach außen transportieren, an den Wahlurnen abgestraft. Der Bürger möchte eine geschlossene Partei, denn nur sie hat politische Schlagkraft. Die innerparteiliche Auseinandersetzung rückt daher in den Hintergrund, je näher eine Wahl rückt. Da sich Deutschland quasi im »Dauerwahlkampf« befindet, tritt der innerparteiliche Konflikt wenn, dann meist unfreiwillig an die Öffentlichkeit.

Egal ob gewollt oder nicht, vom Konflikt erfahren wir in der Regel über die Medien. Sie informieren uns über politische Debatten und sind für die Art und Weise, wie wir streiten, absolut prägend. Die Medien sind eine Arena, die zwar keine formalen Zugangshürden hat, schließlich kann es jeder in die Nachrichten schaffen. Aber das Mediensystem hat seine eigenen Zugangshürden und -logiken, die sich von Medium zu Medium unterscheiden.

Medien als Debattenvermittler

Politik wird von den wenigsten von uns direkt erfahren; es sind die Medien, die uns die zentralen politischen Probleme, Themen und Auseinandersetzungen präsentieren. So war es zumindest bis vor kurzem. Plakate, Zeitungen, Radio waren lange Zeit die Mittel der Information. Als in den sechziger Jahren die Fernseher Einzug in deutsche Wohnzimmer hielten, wurde Politik noch einmal ganz anders erfahrbar. Personalisiert und in Bildern. In Zeiten des analogen Fernsehens gab es so etwas wie ein rituelles Beisammensein der Nation vor dem Bildschirm. Für die meisten Menschen war es ein fixes Ritual, abends die wichtigsten Informationen aus der *Tagesschau* zu erfahren. Am nächsten Tag hat man bei der Arbeit, in der Schule, beim Einkaufen über das Gesehene gesprochen und konnte davon ausgehen, dass Kollegen, Freunde, Bekannte und Familie einen ähnlichen Informationsstand haben. Medien als Fenster zur Welt, wie es der große Journalist Walter Lippmann vor ungefähr einem Jahrhundert formulierte.[44]

Die Medien. Damit meinte man im politischen Deutschland lange Zeit eine überschaubare Zahl an überregionalen Zeitungen sowie die öffentlich-rechtlichen Rundfunkanstalten. Sie hatten, neben der Vermittlung von Inhalten, eine ganz zentrale Rolle: die des Gatekeepers. Eine Art journalistischer Türsteher. Ein inhaltliches Nadelöhr. Sie waren es, die die Themen nach wichtig und unwichtig, berichtenswert und nicht berichtenswert unterschieden. Sie musste man davon überzeugen, dass die eigene Meldung es wert war, berichtet zu werden. Eine gedruckte Zeitung hat eben nicht unendlich viele Seiten zur Verfügung, sondern jedes Ressort eine begrenzte Menge, eine TV-Nachrichtensendung nur eine begrenzte Anzahl an Sendeminuten.

In der Wissenschaft spricht man hier von Nachrichtenwertlogik. Der Nachrichtenwert einer Meldung wird von Journalisten bestimmt. Je höher er ist, umso wahrscheinlicher ist es, dass darüber berichtet wird. Auch der Umfang der Berichterstattung ist davon abhängig. Klassisch sind Kriterien wie Neuigkeit, geografische oder kulturelle Nähe, Relevanz für das Publikum, die Prominenz der Beteiligten, Dramatik, Kuriosität und, wie bereits besprochen, das Konfliktpotenzial besonders entscheidend. Neben ihrem Neuigkeitswert haben Nachrichten für das Publikum also einen Wissenswert, einen Gebrauchswert und einen Unterhaltungswert. Während wir früher in den klassischen Medien eine Mischung aus allen vier Faktoren vorgefunden haben, zwingt der erhöhte Konkurrenzdruck zwischen den Nachrichtenformaten dazu, sich auf jene Werte zu fokussieren, die vom Publikum gerne aufgenommen werden. Entscheidend sind nicht mehr journalistische Selektionskriterien, sondern die Klickzahlen. Der Chefredakteur wird zum IT-Spezialisten, der punktgenau vorhersagen kann, welche Nachricht wohl die meisten Klicks bekommt. Beständig wird analysiert, was wir lesen, klicken und liken, und daran werden die Inhalte angepasst. In dieser Logik kann ein vom Baum gerettetes Kätzchen durchaus relevanter sein als der Handelsstreit zwischen der EU und den USA. Und selbst wenn uns der digitale Nachrichtenstrom geradezu auf ein Ereignis draufwirft, ist es ein Leichtes, es links liegenzulassen und sich im unbegrenzten Angebot des Internets mit etwas anderem zu beschäftigen. Dadurch gewinnen Formate an Bedeutung, bei denen der Unterhaltungswert eine deutlich größere Rolle spielt als der Wissens- und Gebrauchswert.

Aber auch die Art und Weise, wie wir Nachrichten konsumieren, hat sich verändert. Der explosionsartige Aufstieg onlinebasierter Formate hat zu einer Veränderung des Mediensystems geführt, die der Politikwissenschaftler Andrew Chadwick als Hybrid Media System beschreibt.[45] Die klassischen Medien sind von Onlineformaten und sozialen Medien zwar nicht abgelöst worden, aber sie stehen in einem wechselseitig abhängigen Verhältnis zueinander. Der elitengetriebene Nachrichtenstrom ist nicht mehr allein unterwegs, sondern wird begleitet von nutzergenerierten Inhalten und sogenannten alternativen Nachrichtenportalen. An deren Geschwindigkeit und Formate müssen sich auch die etablierten Medien anpassen, wenn sie nicht noch mehr ihrer Marktanteile verlieren wollen.

Die Grenzen von Zeit und Raum lösen sich auf und so kann es sein, dass in New York ein Flugzeug im Hudson landet und nur wenige Minuten später jeder Mensch mit einem Smartphone Bilder vom Ort des Geschehens erhält. Das setzt auch klassische Nachrichtenproduzenten unter Druck, die immer schneller auf Ereignisse reagieren müssen und damit anfälliger für Falschmeldungen werden. Selbst ein Sturm kann dazu führen, dass gestandene Onlineportale hektisch Liveticker einrichten und minütlich Beiträge publizieren, um am Ende beinahe enttäuscht festzustellen, dass außer ein paar vollgelaufenen Kellern und einigen gesperrten Straßen nichts weiter passiert ist. Unter diesen Bedingungen können die Medien Informationen kaum mehr in einen Kontext einbetten und es entsteht ein großer Interpretationsspielraum. Der Tübinger Medienwissenschaftler Bernhard Pörksen hat diesen Zustand als »große Gereiztheit« beschrieben: »miteinander verschlungene, sich wechselseitig befeuernde Impulse erzeugen einen Zustand der Dauerirritation«.[46] Dabei werden Ereignisse aufgrund ihres Reizpotenzials plötzlich so wirkmächtig, dass alle sich damit befassen, die unterschiedlichen Interpretationen aufeinanderprallen, niemand weiß, was eigentlich genau passiert ist, und das alles ungefiltert von den verschiedensten Akteuren verbreitet wird.

Dadurch geht ein allgemeiner Nachrichtenkanon verloren, der uns üblicherweise von den Medien zur Verfügung gestellt wurde. Sie haben ausgewählt, was wichtig zu wissen war. Ob es uns interessiert hat oder nicht, wenn auf der Titelseite unserer Zeitung auf ein Ereignis hingewiesen wurde, haben wir davon gewusst. Ohne behaupten zu wollen, dass die klassischen Medien unfehlbar seien, haben sie uns aber eine Faktenbasis zur Verfügung gestellt, die als Diskussionsgrundlage zur Verfügung stand. Heutzutage ist das Netz voll von unterschiedlichsten Meldungen, unter denen wir uns die genehmsten heraussuchen können. Sie stehen im Internet als grundsätzlich gleichwertig nebeneinander, obwohl sich ihr Qualitätsanspruch deutlich unterscheidet.

Die Auswahl an Medien ist also größer geworden. Ist das etwas Schlechtes? Keinesfalls. Doch die massive Zunahme der Angebote hat auch zu einem massiven Qualitätsverlust geführt. Ursache dafür ist in erster Linie, dass sich viele »neue« Nachrichtenformate nicht journalistischen Grundsätzen, sondern bestimmten Ideen verpflichtet fühlen. Sie produzieren Content, der nicht auf der Grundlage von Fakten produziert wird, sondern selbst Fakten aufstellt, deren Grundlage nicht in der Realität, sondern in der Haltung der Produzenten zu finden ist.

Die Echokammer: Rückzug in die Komfortzone

Während die frühere Medienwelt noch in Nachrichtenproduzierende und -konsumierende unterteilt werden konnte, die Journalisten auf der einen und das Publikum auf der anderen Seite, sprechen wir heute von Prosumern. Dieser Begriff vereint Produzenten und Konsumenten und beschreibt letztendlich den Sachverhalt, dass es noch nie so einfach war, selbst Nachrichten (oder was man dafür hält) zu produzieren. Das führt dazu, dass wir unzählige Blogs, YouTube-Kanäle und Twitter-Accounts zu Nischenthemen haben und sich eigene Communities für Legobastler oder prähistorisches Kochen herausbilden. Selbst Haustiere haben mittlerweile ihre eigenen Instagram-Accounts. Auf der anderen Seite finden wir online hochwertige Informationsportale, die sich auf bestimmte Themen spezialisiert haben und »großen« Medien in Sachen Qualität in nichts nachstehen. Jeder kann jederzeit all das publizieren und konsumieren, was er gerade möchte. Das bedeutet nicht, dass es in irgendeiner Form verwerflich wäre, sich mit Rezepten oder Haustieren zu beschäftigen. Auch die Leser des Inbegriffs von Qualitätsmagazin, nämlich des *New Yorkers*, werden in regelmäßigen Abständen über Kochrezepte stolpern.

Grundsätzlich eröffnet uns die Ausdifferenzierung des Angebots Möglichkeiten, an die wir noch vor wenigen Jahren nicht gedacht hätten: Man kann Menschen aus anderen Klimazonen dabei zusehen, wie sie Computerspiele spielen, sich Informationen besorgen, die früher unerreichbar schienen, sich mit Menschen austauschen, die sich gerade im All befinden, oder verfolgen, wie deutsche Spitzenpolitiker aus den Koalitionsverhandlungen heraus twittern. Wir können aber auch ohne Probleme den gesamten politischen Diskurs ausklammern und uns einzig und allein mit Menschen beschäftigen, die uns im Internet erzählen, was sie beim letzten Drogeriebesuch gekauft haben, oder, und das ist noch dramatischer, uns lediglich mit solchen Meldungen beschäftigen, die uns in unseren (Vor-)Urteilen bestätigen. Je nach politischer Haltung finden wir innerhalb von Sekunden Artikel, die das Geschehen in der Welt so einordnen, dass es in den engen Rahmen unseres Weltbilds passt.

Während sich die politischen Haltungen immer stärker ausdifferenzieren, ziehen wir uns in Echokammern zurück und nehmen nur noch Informationen wahr, die unsere Meinungen bestätigen, und gehen fälschlicherweise davon aus, dass unsere Annahmen die öffentliche Meinung repräsentieren. Statt den Diskurs zu suchen, richten wir uns in Communities ein, deren Informationen wir ungeprüft übernehmen, weil sie uns versichern, dass wir im Recht sind, und uns bestätigen, was wir sowieso schon wussten. Dies ist nicht zuletzt durch die sozialen Medien einfach wie nie. So entstehen zahllose Möglichkeiten, sich abseits von klassischen Formaten zu informieren. Und diese Optionen werden rege genutzt. Eine brandaktuelle Untersuchung des Pew Research Center[47] hat gezeigt, dass in Dänemark, Frankreich, Deutschland, Italien, den Niederlanden, Spanien, Schweden und im Vereinigten Königreich insbesondere Anhänger populistischer Ideen die klassischen Nachrichtenformate immer weniger wertschätzen, ihnen kaum noch vertrauen. Diese Menschen sind es auch, die zu größeren Teilen angeben, dass soziale Medien ihre Hauptquelle für Nachrichten sind.

Neben anderen Nutzern und Bots sind es vor allem die sogenannten Influencer, die zur neuen Informationsquelle werden. Sie erscheinen vertrauenswürdig, da sie einen kumpelhaften Charme versprühen und pflegen.

Ein Grund für diese Entwicklung ist die sogenannte Disintermediation. Darunter wird verstanden, dass Journalisten als Vermittler von Information an Bedeutung verlieren. Durch die zahlreichen Möglichkeiten des Sendens verlieren sie sowohl ihre Monopolstellung in der Verbreitung von Nachrichten, aber auch die Deutungshoheit über Ereignisse.

Es treten aber neue Gatekeeper auf, die sich in ihrer Funktion jedoch deutlich von den klassischen unterscheiden. Im Zuge der sogenannten Hyperintermediation gewinnen soziale Netzwerke und Suchmaschinen massiv an Bedeutung. Durch intransparente Algorithmen bestimmen sie, welche Meldungen auf unseren Bildschirmen erscheinen, und treffen Entscheidungen, die nicht mehr auf Recherche, Hintergrundwissen und Glaubwürdigkeit beruhen, sondern auf unseren Interessen und Meinungen, die immer differenzierter auf den Servern der Unternehmen abgespeichert werden. Unser Nachrichtenkanon ist also nicht mehr davon abhängig, was allgemein für relevant gehalten wird, sondern davon, was Algorithmen für uns als besonders interessant identifiziert haben.

Das ist zwar schon oft beschrieben worden, aber wir haben uns ein Ergebnis dieses Prozesses noch nicht deutlich genug vor Augen gestellt: Wir haben verlernt, mit unbequemen Positionen umzugehen, wir sind nicht mehr gewillt, uns diesen auszusetzen, vor allem, wenn es um moralische, politische und ethische Themen geht. Man macht es sich zu einfach, wenn man den Algorithmen die Schuld an Echokammern gibt. Das Internet ist immer noch ein interaktives Medium. Algorithmen verstärken den Rückzug in solche Kammern zwar, aber den Schritt hinein macht der Nutzer immer noch selbst.

Die unzähligen neuen Kommunikationsmöglichkeiten trennen uns mehr, als dass sie uns einen. Meinungen, die uns nicht schmecken, fordern nicht zum Widerspruch heraus, sondern vermehrt zu Beleidigungen, Drohungen oder dem weiteren Rückzug in unsere Meinungsblase. Im Digital News Report 2018[48] stellten die Autoren der Studie fest, dass Kommentare zu Meldungen zunehmend in geschlossenen Gruppen veröffentlicht werden. So schützt man sich zwar vor den teils massiven Anfeindungen im Internet, blendet aber den Widerspruch noch weiter aus.

Betrachten wir die allgemeine Debattenkultur im Netz, fällt es schwer, jemandem diesen Rückzug zum Vorwurf zu machen. Der Traum vom Internet als globalem Forum ist (vorerst) ausgeträumt. Sogenannte Trolle, Shitstorms, Beleidigungen und Drohungen dominieren Kommentarspalten und die sozialen Medien. Große Nachrichtenportale haben die Kommentarfunktion zunehmend abgeschafft, da sie mit dem Löschen von solchen Beiträgen einfach nicht mehr hinterhergekommen sind. Der Aufwand, der dafür betrieben werden muss, steht in keinem Verhältnis zum inhaltlichen Nutzen, den die Kommentarspalten bringen. Das ist sicher auch ein strukturelles Problem. Brauchen wir unter jedem Artikel eine Kommentarfunktion? Die *Neue Zürcher Zeitung* hat sich dagegen entschieden und ein Forum eingerichtet, in dem die Leser zu ausgewählten Fragen diskutieren können. Damit ist zwar die Anzahl der Beiträge eingebrochen, aber die Moderation ist einfacher und weniger aufwendig. Der Ton sei sachlicher geworden und die Diskutanten würden, im Gegensatz zur früheren Kommentarfunktion, aufeinander Bezug nehmen, berichtet der Leiter der Social-Media-Redaktion, Oliver Fuchs, im Gespräch mit dem *Cicero*.[49] Eine Online-Debattenkultur, sie scheint also noch möglich.

Medien als Plattformen für Streit

Die gewaltige Ausdifferenzierung unserer Medienlandschaft hat noch weitere Folgen, die für unsere Debattenkultur entscheidend sind: Heute ist es viel schwieriger, uns auf etwas aufmerksam zu machen. Wir sind einem steten Gewitter aus Links, Tweets, Spots, Clips, Push-Nachrichten usw. ausgesetzt. Aufmerksamkeit hat dadurch als Währung massiv an Wert gewonnen. Durch die Ausdifferenzierung der Medienlandschaft und die Möglichkeit, einfach selbst Inhalte zu publizieren, ist die Hürde, etwas zu veröffentlichen, zwar sehr viel kleiner, man muss sich aber auch gegen viel mehr Konkurrenz durchsetzen. Aufmerksamkeit war zwar schon immer relevant für politische Akteure, aber wofür man sie erhält, hat sich massiv verändert.

Das beste Beispiel dafür sind Polit-Talkshows, deren Anzahl in den vergangenen Jahren massiv zugenommen hat. Aufgrund des verhältnismäßig geringen Aufwands, den man für die Produktion betreiben muss, haben sie sich schon früh als Format im TV und Hörfunk etabliert. Angefangen hat alles in den fünfziger Jahren mit dem *Internationalen Frühschoppen*. Heute kann man sich durch die ganze Woche »talken« lassen: Montags *Hart aber fair*, mittwochs *Maischberger*, donnerstags *Maybrit Illner*, sonntags der *Presseclub* und *Anne Will*, um nur die erfolgreichsten Formate zu nennen. Dazu kommen noch TV-Duelle vor und Elefantenrunden nach den Wahlen.

Polit-Talkshows haben den Streit quasi zum Programminhalt gemacht. Es werden Gäste mit verschiedenen Positionen eingeladen, die, angeleitet von einem Moderator, zu einem Thema diskutieren. Für Politiker haben sie eine hohe Bedeutung. Im Vergleich zu Parlamentsdebatten versprechen Talkshows nämlich eine immense Aufmerksamkeit. Welchen Wert die Talkshows für die Debattenkultur in Deutschland haben, lässt sich nicht grundsätzlich sagen, denn sie schöpfen ihr Potenzial unterschiedlich aus. Sie können Debatten bereichern, indem sie Einblicke in unterschiedliche Positionen liefern und beispielhaft für eine produktive, sachliche Diskussionskultur stehen. Sie können aber auch zum überinszenierten, vorhersehbaren Eklat beitragen, bei dem Unwahrheiten oder gar Propaganda eine Bühne erhalten und hochprofessionalisierte Sprecher nicht an einer Diskussion teilnehmen, sondern die Show dazu nutzen, ihre Botschaften möglichst öffentlichkeitswirksam zu platzieren.

Die Talkshows leben von den Einschaltquoten. Diese erhalten sie besonders für Kontroversen. Daher tauchen in Talkshows immer wieder Gäste wie die Schweizer Islamistin Nora Illi oder auch der AfD-Politiker Björn Höcke auf. Sie vertreten zwar keine mehrheitsfähigen oder auch nur weit verbreiteten Meinungen, garantieren aber allein durch ihre Anwesenheit, die sie häufig durch mehr oder weniger spektakuläre Inszenierungen ergänzen, nicht nur hohe Einschaltquoten, sondern auch eine ausführliche Rezeption. Sie stehen symbolhaft für jene Gereiztheit, die Pörksen beschrieben hat. Sie setzen spektakuläre Reize, die in einer kollektiven Erregung enden. Eine Erregung darüber, dass nun endlich mal gesagt wird, was gesagt werden müsse, oder darüber, dass gesagt wird, was nicht gesagt werden darf. Jeder soll sich äußern, und von jedem wird verlangt, sich in einem solchen inszenierten Skandal zu positionieren. Eine Win-Win-Situation für Show und Gast, die zwar jede Menge Erregung produziert, aber in den meisten Fällen keinerlei Erkenntnis und schon gar keine Diskussion.

Man darf sich allerdings nicht zu der Annahme verleiten lassen, dass religiöse Fanatiker und Populisten allein diejenigen sind, die Aufmerksamkeit und Empörung wollen und damit Debatten unterbinden. Vielmehr ist die gesteigerte Aufmerksamkeit, die sie erzeugen, sinnbildlich für die Fantasielosigkeit, die ansonsten in den Talkshows anzutreffen ist.

Politiker aller Couleur verfolgen ebenfalls eine klare Agenda und wollen eben keine Diskussion eingehen, sondern Statements abgeben, die sie wohlorchestriert platzieren. Eine tatsächliche Auseinandersetzung findet selten statt, da die Gäste zu sehr damit beschäftigt sind, darauf zu achten, wann der geeignete Zeitpunkt zum Senden der nächsten vorgefertigten und abgestimmten Botschaft gekommen ist. Häufig fehlt dann eine korrigierende Instanz in Form eines Experten, beispielsweise eines Fachjournalisten. Möglicherweise, weil Experten klassischerweise nicht für Polarisierung und feste Meinung stehen und damit das Konflikt- und das Skandalpotenzial reduzieren. Außerdem sind sie häufig nicht »fernsehtauglich«. Sie sprechen nicht plakativ genug, formulieren Thesen, die nicht steil genug sind, oder machen ganz einfach keine gute Figur.

Das führt leider dazu, dass wir in den Talkshows nicht nur die Themen durchkauen, die sowieso schon überall diskutiert werden, sondern dass es auch immer wieder die gleichen Personen sind, deren Meinung man zu hören kriegt. Der ehemalige Bundestagspräsident Norbert Lammert kritisierte schon 2011, dass es mehr Sendeminuten von Talkshows gebe als Berichterstattung aus dem Parlament: »Mich stört die Abstinenz bei authentischer und der Übereifer bei simulierter politischer Auseinandersetzung.«[50] Im selben Jahr erschien eine Studie der Otto-Brenner-Stiftung,[51] die sich ebenfalls mit dem damals vorhandenen Talkshowangebot auseinandersetzte und eine Reihe von Handlungsempfehlungen gab. Einige davon möchte ich an dieser Stelle wiedergeben, da sie zum einen nichts von ihrer Aktualität verloren haben und sie sich zum anderen ohne Probleme auf die restliche Medienwelt übertragen lassen:

1. Talkshows sollten bemüht sein, von sich aus Themen zu setzen.
2. Die offenen und heimlichen Formatvorgaben, beispielsweise bei der Konstellation der Besetzung oder der Rolle des Moderators, sollten häufiger durchbrochen werden.
3. Mehr Mut zu zugespitzten Kontroversen.
4. Mehr Abwechslung bei den Gästen und eine Öffnung hin zu gesellschaftlichen Akteuren, die nicht zur politischen Elite gehören.

All diese Punkte ließen sich umsetzen, ohne die Augen davor zu verschließen, dass Talkshows nach wie vor ein Fernsehformat sind und daher von der Einschaltquote leben. Dass sich die Beiträge der Diskutanten nie an die Runde, sondern immer an das Publikum richten.

Im Sommer 2018 hat der Deutsche Kulturrat die Idee ins Spiel gebracht, ein Jahr lang keine Talkshows mehr zu senden. Auslöser war die Themensetzung der Sendungen, die sich beinahe ausschließlich auf Themen wie Flüchtlinge, Terror und Islam konzentrierte.[52] Ich denke, dass ein Schweigen in den Medien dazu führen würde, dass die lautesten Stimmen noch mehr gehört werden, als es sowieso schon der Fall ist. Deshalb wäre es umso wichtiger, dass die

Talkshows auch den leisen Stimmen zu mehr Gehör verhelfen. Mehr Debatte also und dafür ein gehöriges Maß weniger Show. Weniger vom immer Gleichen und dafür mehr Fantasie bei Themen, Gästen und Formaten. Inspiration gibt es schon hinter der Grenze: die kurzweilige, sich selbst nicht ganz ernst nehmende, aber dennoch drei Stunden andauernde französische Talkshow *On n'est pas couché* (Wir sind nicht eingeschlafen) oder die Einbindung eines repräsentativ ausgewählten Publikums in der BBC-Sendung *Question Time*.

Die Radikalisierung der Sprache

Politik wird uns immer über Sprache vermittelt. Politiker halten Reden, Medien schreiben darüber Artikel. Das ist, stark verkürzt, der klassische Weg der Politikvermittlung. Es ist also kein Wunder, dass sich die veränderte Aufmerksamkeitsökonomie auch in der Sprache niederschlägt, in der Politik gemacht und in der über Politik gesprochen wird. Nicht nur der amerikanische Präsident äußert sich mehrfach täglich über Twitter, sondern Politiker, Analysten und Meinungsführer aller Ebenen kommunizieren ihre Statements an die Welt. Wie also schafft man es, mit seiner Sprache Eingang in den gesamtgesellschaftlichen Diskurs und die Medien zu finden? Das altbewährte und immer wieder erfolgreich angewandte Mittel der Wahl ist es, lauter zu sein als der Rest. Aussagen zu treffen, die möglichst polemisch und plakativ sind und möglichst viele Attribute beinhalten, die ihren Nachrichtenwert nach oben treiben. Die Bierzeltparolen finden so mehr und mehr Einzug in den politischen Alltag.

Je härter der Streit um ein Thema ausgefochten wird, umso mehr radikalisiert sich die Sprache und umso bedeutender wird es, die Sprache zu bestimmen, mit der über ein Thema gestritten wird. Wem es gelingt, einen Diskurs frühzeitig mit eigenen Begriffen zu verknüpfen, hat später großen Einfluss darauf, wie über ein Thema gesprochen wird. So verschieben sich Sprachregeln und mit ihnen die Grenzen dessen, was gesagt werden kann und was nicht. Ein prominentes Beispiel für den Versuch, mit Hilfe von Begriffen die Deutungshoheit in einem Diskurs zu erlangen, konnten wir im Sommer 2018 beim bayrischen Ministerpräsidenten Markus Söder von der CSU beobachten. Söder führte den Begriff »Asyltourismus« in die Debatte ein. Flucht wird hier mit Urlaub in Verbindung gebracht. Urlaub, das ist für uns die schönste Zeit des Jahres. Keine Termine, keine Verpflichtungen, die Seele baumeln lassen. Etwas, das man sich mit harter Arbeit über den Rest des Jahres verdient hat. Mit dem Begriff soll ein Deutungsmuster etabliert werden, das an ganz bestimmte Narrative von Flüchtlingen anknüpft, die zu uns kommen, um es sich auf Kosten der Sozialsysteme gutgehen zu lassen. Man streitet also bereits um die Begriffe. In diesem Fall zum Glück mit dem Ergebnis, dass der Begriff schnell wieder aus dem Diskurs verschwand. So schnell geht es allerdings nur in den seltensten Fällen: Während die Union von »Transitzentren« spricht, also im Wortsinne von Zentren für den Staaten durchquerenden Verkehr, wurden sie von der Grünen-Vorsitzenden Annalena Baerbock als »Internierungslager« bezeichnet.

Es ist klar, dass diese Wortwahl für die Bewertung der politischen Entscheidung ganz zentral ist. Dazu werden Begriffe verwendet, die bestimmte Interpretationen nahelegen, ohne dass man sich diese direkt zu eigen macht. So gelingt eine Polarisierung, die eine bestimmte Klientel besonders anspricht, und man erhält aufgrund des Skandalwertes eine überdurchschnittliche Medienresonanz. Gerät man dann doch zu sehr in den Fokus von Kritik, lässt sie sich mit dem Verweis auf ein Missverständnis schnell abblocken. Je öfter solche Begriffe dann verwendet werden, und genau das passiert durch die anschließende Berichterstattung, umso größer die Chance, dass er sich fest in den Sprachgebrauch einbürgert.

So kommt es zu der Paradoxie, dass wir auf der einen Seite erleben, dass Sprache rauer und polemisch wird und man sie auf der anderen Seite immer schneller relativiert oder sich von ihr distanziert. Man ist schnell bereit, Tabus auszutesten, und auf der anderen Seite schnell persönlich berührt, wenn jemand anderes das tut. Sprache dient nicht mehr als Mittel der Kommunikation und zur Klärung der eigenen politischen Ideen, sondern vermehrt auch als Waffe. Das verbale Wettrüsten führt zwangsläufig in eine Spirale, in der die Grenzen des Sag- und damit auch des Machbaren immer weiter verschoben werden. Die Brutalisierung und Verrohung von Sprache, die wir schon seit Jahren im digitalen Raum beobachten, halten verstärkt Einzug in die höchsten Kreise der Politik. Je brutaler die Sprache im Diskurs wird, umso brutaler wird auch das politische Klima. »Umvolkung«, »Volksverräter« und »Lügenpresse« sind nur ein paar Beispiele, die mittlerweile wieder offen in Deutschland gesagt werden können. Je mehr solcher Begriffe von politischen Eliten verwendet werden, umso mehr bestärken sie auch die Bürger darin, mit diesen Begriffen zu kommunizieren.

Man sieht also, es ist ein schmaler Grat, auf dem sich

die politische Sprache bewegt. Sie muss polarisieren, sie muss Leidenschaft vermitteln, denn nur so schafft sie es, zu mobilisieren. Auf der anderen Seite gilt es aber auch zu erkennen, wann diese notwendige Überspitzung nur noch spaltet, verletzt oder sogar menschenverachtend wird. Dann nämlich kann es keine Diskussion, keinen Streit und keinen Kompromiss mehr geben.

In einer Debatte soll Sprache uns dabei helfen, uns unserem Gegenüber verständlich zu machen und unser Gegenüber zu verstehen. Doch das gelingt nicht, wenn wir versuchen, uns gegenseitig im Erregungsgrad zu übertreffen, um Aufmerksamkeit zu erhalten. Je mehr die Debatte davon bestimmt wird, umso weniger haben wir uns gegenseitig zu sagen. Statt um Verständnis zu werben, wird provoziert. Der Streit ist dann keine Plattform des Austausches mehr, sondern lediglich ein Vehikel, um sich vom Gegner abzugrenzen und die eigenen Anhänger zu mobilisieren.

Political Correctness als Weichspüler

Politik ist ein paradoxes Geschäft. Die Grenzen des Sagbaren verschieben sich derzeit in einer wahnsinnigen Geschwindigkeit, und gleichzeitig diskutieren wir seit Jahren über Political Correctness.

Der Begriff ist sehr abstrakt. Ursprünglich bezog er sich darauf, dass man in seiner Sprache auf Ausdrücke verzichten sollte, die auf andere Personen verletzend wirken können. Die Faktizität von Sprache wurde anerkannt und ihre Bedeutung für unser Zusammenleben ernst genommen. Grundsätzlich also etwas Gutes. Spätestens dann, wenn

Sprache jemandem seine grundlegenden Rechte abspricht und menschenverachtend wird, sind die Grenzen dessen, was als politisch korrekt gilt, überschritten. Sensibilität in der Sprache ist also wichtig. Und die Political Correctness hat uns durchaus auch als Gesellschaft vorangebracht. Sie ist Teil des Minderheitenschutzes in Demokratien und hat beispielsweise dafür gesorgt, dass Worte wie »Kanake« oder »Schwuchtel« nicht mehr Teil des akzeptierten Sprachgebrauchs in der Öffentlichkeit sind. Beides sind Beleidigungen, deren Verwendung keinen analytischen Mehrwert bringt. Man kann sie einfach durch nichtverletzende und nicht negativ konnotierte Begriffe ersetzen.

Die Entwicklung ging jedoch immer weiter. Mittlerweile geht es nicht mehr um Anti-Diskriminierung, sondern häufig auch um engere Grenzen von Sprache. Dieses Einengen verhindert Streit und Diskurs. Denn auch unser Denken wird von unserer Sprache bestimmt. George Orwell lässt einen Mitarbeiter des »Wahrheitsministeriums« die Ziele von Sprachregelungen folgendermaßen beschreiben: Durch die strenge Regulierung von Sprache »werden wir Gedankenverbrechen buchstäblich unmöglich gemacht haben, da es keine Wörter mehr gibt, in denen man sie ausdrücken könnte«.[53] Ein Gedankenverbrechen ist in dem Falle alles, was der vorherrschenden Meinung entgegenläuft.

Wenn der Punkt erreicht ist, an dem sich Leute zu bestimmten Themen überhaupt nicht mehr äußern wollen, weil sie befürchten, eine Grenze zu überschreiten, die sie selbst überhaupt nicht richtig wahrnehmen können, legen wir uns selbst Ketten an, die den Diskurs behindern. Wenn die Sprachkritik nämlich selbst nicht mehr rational, sondern nur noch moralisch begründet wird. Wenn der Verdacht ausreicht, dass sich jemand verletzt fühlen könnte, um bestimmte Begriffe oder sogar Gedanken nicht mehr zu artikulieren.

Wir erwarten von unseren Repräsentanten, dass sie für unsere Sache streiten. Dass sie unsere Interessen nicht wahrnehmen, damit sie wiedergewählt werden, sondern weil sie sie für richtig halten. Wir wollen wissen, wem wir unsere Stimme geben, und erwarten Authentizität. Genau sie geht uns aber verloren, wenn wir im Namen der Political Correctness die Aussagen so von den Kommunikationsexperten schleifen lassen, dass sie möglichst unanstößig sind. Glattgebügelt und austauschbar, ohne Wiedererkennungswert. Wenn man sich in den Aussagen von Politikern nicht mehr wiederfinden kann, weil eine Sprache verwendet wird, die mit der eigenen Lebenswelt nichts zu tun hat. Wenn wir nur noch in engsten Grenzen und überprofessionalisiert streiten, verlieren wir die Leidenschaft der Debatte und damit einen Teil ihres politischen Wesens.

Politiker stehen mittlerweile aber unter medialer Dauerbeobachtung. Die gesteigerte Aufmerksamkeit ist keinesfalls unwillkommen. Politische Karrieren hängen in großem Maße von der eigenen Medienpräsenz ab. Allerdings kann eine »falsche« Äußerung auch sehr schnell das Karriereende bedeuten, wenn man von der allgemeinen Erregungsspirale eingesogen wird. Ein falsches Wort, und der Shitstorm kann kommen.

Dies stellt Politiker vor eine doppelte Herausforderung: Sie müssen zum einen Aufmerksamkeit für sich erzeugen und zum anderen vermeiden, dass Material von ihnen in den Umlauf gerät, das ihr Image beschädigen könnte. Das bedeutet für die Debatte, dass die professionalisierte Inszenierung ein unverzichtbares Element und Leidenschaft bzw. das »Brennen« für eine politische Idee ein unkalkulierbares Risiko wird. Selbstverständlich benötigt politische Kommunikation die Inszenierung und professionalisierte Darstellung, aber ab einem gewissen Punkt kann politischer Streit seine Funktion nicht mehr erfüllen, wenn er von Selbstregulierung bestimmt wird.

Manchmal ist sogenannte politisch korrekte Sprache aber auch schlichtweg falsch und behindert den Diskurs allein dadurch, dass sie nicht mehr richtig beschreibt, über was wir eigentlich reden. Am Beispiel des »Penners« lässt sich die Entwicklung anschaulich nachvollziehen. Der Begriff »Penner« ist eindeutig abwertend. Er ist verknüpft mit Schmutz, Alkohol und Drogen. Der Wandel im Sprachgebrauch hin zu »Obdachloser« ist daher ein Gewinn. Dieser Begriff beschreibt die Gruppe dieser Menschen nämlich nicht von – in der öffentlichen Wahrnehmung verbreiteten, aber nicht generalisierbaren – negativen Eigenschaften her, sondern von dem zentralen, sie verbindenden Merkmal: dass sie kein Obdach haben. Er ermöglicht uns, über das Thema zu sprechen, ohne die Betroffenen automatisch abzuwerten. Wir können den Begriff zwar auch weiterhin mit Bettelei in der U-Bahn verbinden (denn so sehr Sprache unsere Wahrnehmung bestimmt, reicht das Ersetzen einzelner Begriffe nicht aus, um plötzlich anders zu denken), aber es ist ihm nicht mehr immanent. Anders sieht es aber aus, wenn aus dem »Obdachlosen« der »Wohnungssuchende« wird. Denn damit verlieren wir die Spezifizierung des Begriffs des »Obdachlosen«. Plötzlich werden der Obdachlose, der im Vorraum der Bankfiliale schläft, und der Student, der bei seinem Kommilitonen auf der Couch nächtigt, bis er ein eigenes WG-Zimmer gefunden hat, in einen Topf geworfen.

Endgültig zur Farce wird es dann, wenn wir uns mehr damit beschäftigen, welches der korrekte Begriff ist, als damit, das Problem zu lösen. Und Teil des Problems kann es auch sein, anzuerkennen, dass Obdachlosigkeit sehr häufig mit Alkoholismus einhergeht.

Streiten Frauen anders?

Wir alle kennen das: In Männergruppen wird anders gesprochen als in Frauengruppen. Stoßen Frauen zu einer Männergruppe hinzu, ändert sich oftmals der Ton – über manche Dinge wird dann nicht mehr oder anders gesprochen, und den einen oder anderen Witz verkneift man sich. Seitdem 2013 Frauen unter dem #aufschrei über sexistische Erfahrungen berichteten, gibt es zwar eine größere Sensibilisierung für solches Verhalten, verschwunden ist es dadurch aber nicht. Und das ist nicht nur in unserem Alltag so, sondern auch in der Politik.

Frauen sind in der Politik mittlerweile zur Normalität geworden. Die ganz junge Generation in Deutschland kennt als Bundeskanzler niemand anderen als Frau Merkel. Ich kann mich an einen Vortrag in der Grundschule meiner Kinder erinnern. Einen Vormittag lang habe ich zum Thema »Was ist Demokratie« gesprochen. Da kamen wir auch auf Bundestagswahlen zu sprechen, und ein Kind fragte mich: »Können Jungs eigentlich auch Bundeskanzler werden?« Im Ernst: Politik ist weiblicher geworden – auch wenn in diesem Bundestag die Anzahl der Parlamentarierinnen wieder deutlich zurückgegangen ist. In der 18. Legislaturperiode (2013–2017) erreichte der Anteil der Parlamentarierinnen mit 36,5 Prozent seinen höchsten

Wert. In der 19. Legislaturperiode (seit 2017) liegt er bei 31 Prozent. Ein Trend lässt sich daraus aber nicht ableiten. In Talkshows bemüht man sich, mindestens eine Frau mit in der Runde zu haben; im Kabinett achtet man sehr auf den Frauenproporz, und Horst Seehofer hat bei der Präsentation seiner rein männlichen Führungsmannschaft im Innenministerium öffentlich Spott, Hohn und Unverständnis erzeugt. Dennoch ist es »anders«.

Frauen wird oft ein »anderer« Blick auf Themen zugeschrieben, und es sind vor allem Frauen, die mit sozialen Themen wie Familie, Senioren, Kinder, Vereinbarkeit von Familie und Beruf, Altersarmut etc. verknüpft werden und die meist sie vorantreiben (müssen). Lange Zeit bestimmten Männer über die Rolle der Frau in der Gesellschaft. Noch 1970 polterte der damalige Bundestagsvizepräsident Richard Jaeger, dass er es niemals erlauben werde, dass eine Frau im Hosenanzug im Bundestag spricht. Woraufhin die hannoversche Abgeordnete Lenelotte von Bothmer mit einer Rede im Hosenanzug einen kleinen Skandal auslöste.

Auch heute müssen sich Frauen jeden kleinen Schritt vorwärts hart erkämpfen und oft gegen Widerstände verteidigen. Blickt man beispielsweise auf das seit 1994 bestehende Ministerium für Familie, Senioren, Frauen und Jugend – oder, um mit der Sprache unseres Altbundeskanzlers Gerhard Schröder zu sprechen, »Familie und Gedöns« –, so hatten dieses Ministerium bisher nur Frauen inne. Das es auch anders gehen kann, sieht man am Verteidigungsressort. Das Verteidigungsministerium, das ja von manchen auch als unregierbar beschrieben wird, hat sich Ursula von der Leyen als erste weibliche Ministerin in diesem Ressort hart erarbeiten müssen. Ihr wird aber noch heute großes Misstrauen entgegengebracht.

Damit unterscheidet sich die Politik nicht von anderen Bereichen unserer Gesellschaft. In den 160 Unternehmen der verschiedenen DAX-Börsenindizes sitzen insgesamt 50 Frauen in den Vorständen. Sie teilen sich die Vorstandssitze mit insgesamt 636 Männern. Das sind gerade einmal 7,3 Prozent. Ganze 73 Prozent der Vorstandsgremien sind ausschließlich mit Männern besetzt.[54] Carla Neisse-Hommelsheim, Vorstandsmitglied im Deutschen Frauenrat, beklagte nach der letzten Bundestagswahl, dass der Anteil von Frauen im Parlament nun so niedrig sei wie seit zwanzig Jahren nicht mehr.[55] Im gleichen Interview geht sie auch davon aus, dass sich die Debattenkultur verändert, wenn der Frauenanteil gering ist.

Aber gibt es so etwas wie einen weiblichen Debattenstil oder eine weibliche Rhetorik überhaupt? Wie debattieren Frauen in der politischen Arena, wie wird uns das medial vermittelt und welche Bewertungen schwingen dabei mit? Spielen wir das doch anhand einiger bekannter Protagonistinnen einfach mal durch.

Andrea Nahles – zu schrill?

Im Englischen gibt es einen schönen Begriff: »to come a long way«. Frei übersetzt: Man ist schon einen langen Weg gegangen. In diesem Falle Frau. Andrea Nahles hat mit ihren knapp fünfzig Jahren wirklich schon eine beachtliche Politkarriere vorzuweisen. Die studierte Literaturwissenschaftlerin zog 1998 das erste Mal in den Deutschen Bundestag, Basta-Kanzler damals Gerhard Schröder, die erste und bisher einzige rot-grüne Bundesregierung ging an den Start. 1995 übernahm sie zudem das Amt der Juso-

Vorsitzenden für vier Jahre, und in den Augen zahlreicher Beobachter ist sie das auch immer noch ein bisschen. Laut, streitbar, für viele eine Nervensäge – aber braucht es diese nicht? Im Jahre 2005 wurde sie erneut Mitglied des Bundestages und ist es seither – in unterschiedlichen Funktionen und Ämtern. Eine herausragende Position war sicherlich die der SPD-Generalsekretärin von 2009 bis 2013, bevor sie dann von 2013 bis 2017 Bundesministerin für Arbeit und Soziales wurde und unter anderem den Mindestlohn durchsetzte. Hier hat sie sich auch überparteilich einen hohen Respekt erarbeitet. Kollegen schätzen sie als ausdauernd, informiert, kenntnisreich, als Führungspersönlichkeit. Und das über die Parteigrenzen hinweg. Wenn es da nicht die wiederkehrenden Ausrutscher gäbe, die medial auch so »reinhauen«: In ihrer Zeit als Generalsekretärin sprach sie selbst davon, dass sie hauptsächlich im »Maschinenraum« arbeite, also nicht in der ersten Reihe. Umso schriller wirkten ihre öffentlichen Auftritte. Am 3. September 2013, der letzten Bundestagssitzung der 17. Legislaturperiode, zeigte sie in der Generaldebatte ihren Kampfeswillen. Obwohl sie sehr weit unten auf der Rednerliste stand, gelang es ihr, noch mal die Schlagzeilen zu bestimmen. Nachdem die Vertreter der schwarz-gelben Regierung die Debatte nutzten, um ihre vergangenen Leistungen zu loben, forderte die SPD-Generalsekräterin, dass die »Gurkentruppe« wegmüsse. Die Redebeiträge der Regierung würden sie an ein Gute-Nacht-Lied erinnern, das sie ihrer Tochter gerne vorsinge. Anschließend gab sie eine Interpretation der Titelmelodie des Films *Pippi Langstrumpf* zum Besten. Berichterstattung, YouTube-Clips und Spott vom politischen Gegner waren vorprogrammiert.

Auch nachdem sie in der folgenden Legislaturperiode

dem Kabinett Merkel als Arbeitsministerin angehörte, verlor sie nichts von ihrer Angriffslust. Direkt im Anschluss an die letzte Kabinettssitzung antwortete sie auf die Frage, wie diese gewesen sei: »Ein bisschen wehmütig. Und ab morgen kriegen sie in die Fresse.« Das war zwar scherzhaft gemeint, unterstreicht aber den außergewöhnlichen Stil von Andrea Nahles. Sie kann austeilen, verkraftet aber auch harte Reaktionen darauf. Denn eines machte sie schon früh deutlich: Die Auseinandersetzung scheut sie nicht! Schon als Juso-Chefin beteiligte sie sich am Sturz von Rudolf Scharping und trug mit ihrer Kandidatur um den Posten der Generalsekretärin 2005 zum Rücktritt von Franz Müntefering bei. Dass sie diese Kandidatur später als ihren größten Fehler bezeichnete, zeigt, dass sie nicht nur mit anderen, sondern auch mit sich selbst kritisch umgehen kann. Erbitterte Kämpfe focht sie auch rund um die Agenda 2010. »Wir brauchen keine Politmachos«, lautete ihre Einschätzung zum damaligen Kanzler Schröder.

Als der nationale Normenkontrollrat, ein Gremium, das die Bundesregierung beim Bürokratieabbau berät, die Folgekosten des Mindestlohns für Wirtschaft und Verwaltung kritisierte, zeigte sich, wie leidenschaftlich Andrea Nahles für eine Sache kämpfen kann. Gerade wenn sie etwas als »historischen Meilenstein« betrachtet: »Viel zu lange sind in Deutschland Menschen so schlecht bezahlt worden, dass sie am Ende davon nicht leben konnten«,[56] schimpfte die damalige Arbeitsministerin, als sie von dem Bericht des Normenkontrollrats erfuhr. Der Mindestlohn sei kein Mehraufwand, sondern das Ende eines Minderaufwands der Wirtschaft. Sie gilt als machtbewusste Realpolitikerin und ihre Bilanz als Ministerin ist beeindruckend, das ändert jedoch nichts daran, dass sie sich das kämpferische Herz einer Juso-Chefin behalten hat.

Ihre kantige, aber fröhliche Art, die sie gelegentlich mit beinahe kindlichem Verhalten schmückt, hat nicht zuletzt einen gehörigen Anteil am Zustandekommen der aktuellen Regierung. Auf dem Sonderparteitag der SPD im Januar 2018 hielt sie eine fulminante Rede und rief den Delegierten unter anderem zu: »Die SPD wird gebraucht, bätschi, und das wird ganz schön teuer. Bätschi sage ich dazu nur.«[57] Ihr war es wahrscheinlich zu verdanken, dass die Delegierten knapp für die Verhandlungen mit der Union stimmten. Martin Schulz hielt eine wenig mitreißende Rede, Andrea Nahles hingegen warf alles in die Waagschale, ignorierte ihr Manuskript und rief dem Saal hochemotional entgegen: »Wir werden verhandeln, bis es quietscht auf der anderen Seite.« Trotzdem hat sie ein sehr gutes Verhältnis zu sehr vielen Unionsköpfen. Sie spricht schon mal vom »blöden Dobrindt«, das ändert jedoch nichts daran, dass die beiden gut miteinander arbeiten können.

Andrea Nahles befindet sich quasi im Dauerspagat: Sie gilt als staatstragend und auf Krawall gebürstet, infantil und machthungrig, herzlich und streitlustig. Das Image der kratzbürstigen Krawallmacherin wird sie kaum mehr loswerden. Dafür bleibt Andrea Nahles ihrem rhetorischen Stil zu treu. Gleichzeitig geht sie aber auch auf den Koalitionspartner zu und zog beim Streit um den Paragrafen 219a den SPD-Gesetzentwurf zurück, um den Koalitionsfrieden nicht zu gefährden. Diese Mischung aus harter rhetorischer Auseinandersetzung und Kompromissbereitschaft spiegelt sich auch in ihren derzeitigen Positionen wider. Während sie als Parteichefin das SPD-Programm starkmachen soll, muss sie als Fraktionsvorsitzende Kompromisse aushandeln und diese ebenfalls öffentlich vertreten. Wie gut ihr das gelingt, wird sich zeigen. Dass sie bald wieder mit außergewöhnlichen Redebeiträgen auftreten wird, gilt hingegen als sicher.

Alice Schwarzer – zu reaktionär?

Sie ist die Frontfrau des deutschen Feminismus und DAS Gesicht der deutschen Frauenbewegung. Alice Schwarzer startete ihre Karriere in den siebziger Jahren als Journalistin und Buchautorin. Die Debatte um die Legalisierung der Abtreibung wurde federführend von ihr betrieben – sie war einer der führenden Köpfe hinter der Titelgeschichte des *Sterns* im Sommer 1971, in der 374 Frauen sich öffentlich dazu bekannten, abgetrieben zu haben. Im selben Jahr erschien Alice Schwarzers Buch *Frauen gegen den § 218*. Sie gab 1971 an, auch abgetrieben zu haben, hat dies später aber revidiert und zugegeben, dies nur aus PR-Gründen gesagt zu haben. Sie hat ihr Leben lang mit allen Mitteln und harten Bandagen gekämpft: Prozesse, Klagen, Anschuldigungen – das ganze Repertoire. Mit vielen hat sie sich angelegt und Debatten geführt, die wohl härteste trug sie mit – oder besser gegen? – eine Frau aus: 1975 mit der Ärztin und Schriftstellerin Esther Vilar. Medial, live und in Farbe.

Vilar war quasi Schwarzers lebende Gegenthese. In ihrem Bestseller *Der dressierte Mann*, ebenfalls 1971 erschienen, stellt sie provokant und natürlich auch medienwirksam die These auf, dass Frauen Männer ausbeuten würden. Der WDR lud Schwarzer und Vilar, die sich davor persönlich nicht kannten, zu einer 45-minütigen TV-Diskussion ein – live und ohne jegliche Moderation. Ich kann alle Leser nur herzlich auffordern, sich dieses 45 Minuten noch einmal zu Gemüte zu führen: authentisch, nicht überprofessionalisiert, nicht überschminkt, kein provozierender Moderator – wie erfrischend im Vergleich zu den übersteuerten Debatten, die wir heute erleben.

In der hoch emotional und scharf geführten Debatte lieferten sich die Frauen Wortgefechte, die auch unter die Gürtellinie gingen. Während Esther Vilar die ganze Diskussion über verhältnismäßig ruhig blieb, sprach sich Alice Schwarzer in Rage, ihre Empörung war für alle sichtbar. Die Debatte der beiden so unterschiedlichen Frauen löste eine bundesweite Diskussion aus – seitenlange Kritiken in überregionalen Zeitungen, der Wortwechsel der beiden Kontrahentinnen wurde zum Teil in aller Ausführlichkeit abgedruckt. Und wohlgemerkt: Die Sendung wurde im Nachmittagsprogramm des WDR ausgestrahlt, nicht einmal bundesweit.

Ja, sie ist wortgewaltig. Sie ist laut. Sie unterbricht. Sie fällt ins Wort. Ihre Einstellungen und die Dinge, für die sie kämpfte, waren lange Zeit für sehr viele reaktionär. Ihr Verhalten provoziert viele. Im Jahre 2012 veröffentlichte der *Cicero*, das Magazin für politische Kultur, die Liste der 500 wichtigsten Intellektuellen in Deutschland. Wer ist federführend in der öffentlichen Diskussion. Alice Schwarzer war auf Platz 4 dieser Liste zu finden und ist damit die Frau mit der höchsten öffentlichen Deutungshoheit. Die Erhebung bezieht sich auf die vergangenen zehn Jahre. Sie misst die Präsenz in den 160 wichtigsten deutschsprachigen Zeitungen, Zitationen im Internet, Treffer in der wissenschaftlichen Literaturrecherche Google Scholar.[58]

Hans-Ulrich Wehler, einer der bedeutendsten Historiker, würdigte Alice Schwarzer mit den Worten: »Ohne diese ganz individuelle Motorik, ja sei's drum, ohne diese Leidenschaft, im offenen Streit für die gerechte Sache unentwegt voranzugehen, hätte der Frauenbewegung, aber auch den Entscheidungsgremien der Parteipolitik ein wesentlicher Impuls gefehlt.«[59]

Diesen Impuls hat Alice Schwarzer eher mit dem Presslufthammer als mit der feinen Nadel gegeben. Mit Provokation, Zuspitzung und Leidenschaft gelang es ihr, sich Gehör zu verschaffen. Das gelang ihr so gut, dass sie nicht nur zur Ikone der deutschen Frauenbewegung wurde, sondern die damit einhergehende Deutungshoheit auch immer vehementer beanspruchte. Die Häufigkeit, mit der ihr Konterfei das Titelblatt der von ihr herausgegebenen Zeitschrift *Emma* zierte, zeigt, dass es für Alice Schwarzer meist nur eine relevante Stimme gibt: die von Alice Schwarzer. Kein Wunder also, dass die *Emma* 2013 eine Befragung des Allensbach-Instituts in Auftrag gab, in der unter anderem erhoben wurde, wie viele Frauen und Männer Alice Schwarzer als Vorbild betrachten. Damals, also noch vor dem Bekanntwerden ihrer Steuerhinterziehung, war sie das für jede vierte Frau und jeden achten Mann.[60]

Dabei zeichnet es den Feminismus ja gerade aus, dass er verschiedene Strömungen integriert. Die #metoo-Debatte wurde von Alice Schwarzer beispielsweise ignoriert, während ihre Aussagen zu Frauenbildern bei Einwanderern von vielen als zu undifferenziert und unterkomplex kritisiert wurden. Einsichtig zeigte sie sich dabei nie. Kritik ließ sie zwar zu, nutzte sie aber immer als Gelegenheit, um ihren Standpunkt zu wiederholen.

Alice Schwarzer ist ihrem provokanten, meinungsstarken Stil immer treu geblieben. Sei es als junge Publizistin, beim Streit mit Rappern oder als *BILD*-Gerichtsreporterin im Kachelmannprozess. Die Auseinandersetzung hat sie immer gesucht. Sie hat sie gesucht, um ihre Perspektive zu kommunizieren. Neue Perspektiven, Ansätze, Gedanken und Ideen haben sie nie interessiert. Ausführlich beschäftigten sich feministische Kreise mit einem modernen Umgang mit Themen wie Sexarbeit oder Pornografie, während Alice Schwarzer die gleichen Standpunkte vertrat wie dreißig Jahre zuvor. Selbstdarstellung statt Selbstreflexion wurde ihr vielfach unterstellt, und nur langsam löst sich der feministische Diskurs in Deutschland von dieser einen Person. Erst nach und nach melden sich neue und junge feministische Stimmen, und das ist auch bitter nötig. Viel zu lange war der Diskurs in Deutschland von einer Frau geprägt, die sich selbst keinen Millimeter verbiegen lassen wollte, während sich die Gesellschaft weiterbewegt hat. Alice Schwarzer wird gerade von einer Debatte überholt, die sie selbst initiiert und entscheidend geprägt hat. Nur in die andere Richtung, da ist eben nichts passiert.

Angela Merkel – zu wenig?

Von »Kohls Mädchen« hin zur mächtigsten Frau der Welt. Die politische Karriere Angela Merkels verlief steil, und zeitweise schien eine Republik ohne sie kaum noch vorstellbar. Viel ist über ihren Führungs- und Debattenstil berichtet worden. Als Angela Merkel noch sämtliche Umfragen anführte, sie als Kanzlerin unumstritten und eine Union ohne sie kaum noch vorstellbar war, galt die

»Methode Merkel« als Erfolgsmodell. Der zurückliegende Wahlkampf hat es allerdings wieder einmal deutlich gemacht: Debatten und Diskussionen? Fehlanzeige. Alles wurde abmoderiert. Über nichts wurde gesprochen. Schon der Wahlkampf 2013 bestand aus einem einzigen: »Sie kennen mich«. 2017 dann die erneute Kandidatur Merkels. Diesmal mit dem Slogan »Für ein Deutschland, in dem wir gut und gerne leben« – beziehungsweise dem dazugehörigen sperrigen #fedidwgugl – und damit einem Claim, der inhaltlich mindestens genauso abstrakt und nichtssagend ist wie der vorherige.

Blicken wir zuerst einmal auf die Parteivorsitzende Merkel. Sie führt die CDU seit der Jahrtausendwende an und hat wenig inhaltliche Debatten und innerparteiliche Diskussionen zugelassen. Mögliche Konkurrenten hat sie mehr oder weniger geräuschlos auf das politische Abstellgleis gerollt oder rollen lassen (Merz, Koch, Wulff, Müller). Einen innerparteilichen Kritiker der jüngsten Großen Koalition, Jens Spahn, hat sie in die Fesseln der Kabinettsdisziplin eingespannt, um ihn debattentechnisch zu bändigen. Angela Merkel berät sich durchaus und tauscht Eindrücke, Erfahrungen, Einschätzungen aus. Aber im kleinen Kreis. Mit Vertrauten. Die große, öffentlich geführte Debatte und Auseinandersetzung ist nicht in ihrem Repertoire. Die Journalistin Ursula Weidenfeld sieht hier auch einen Hauptgrund für den Unmut der Wähler und sogar eine Gefahr für die Demokratie.[61] Heikle Themen werden einfach ausgesessen. Eine gewaltige Ausnahme stellt der unionsinterne Streit um die Asylpolitik dar. Dabei gingen ihre Kontrahenten aus der CSU so rabiat vor, dass er unmöglich abzuwarten oder möglichst ungesehen auszuhandeln war. Doch selbst in dieser harten Auseinandersetzung, bei der die komplette Regierung und die Unionsgemeinschaft auf dem Spiel stand, blieb Angela Merkel ruhig. Immer wieder machte sie klar, dass es mit ihr keine nationalen Alleingänge geben werde, ohne selbst die Attacke zu suchen. Mit Hilfe ihrer politischen Autorität gelingt es ihr, Debatten, Streit und Konflikte zu überstehen, ohne selbst als Streiterin auftreten zu müssen.

Auch als Kanzlerin setzt sie nicht auf klare Kante, sondern farblose Watte. In ihrer langen Amtszeit hat sie jede Menge Kurswechsel initiiert, ohne ihren Kritikern eine nennenswerte Angriffsfläche zu liefern. 2007 wurde sie noch zur »Klimakanzlerin« ernannt, mittlerweile ist klar, dass Deutschland seine Klimaziele nicht erreichen wird. Auch die Kehrtwende in der Atompolitik, die Euro-Krise oder die Ehe für alle konnten sie nicht aus der Reserve locken. Als große Verteidigerin ihres Kurses ist sie nicht hervorgetreten. Vielmehr konnte sie immer davon ausgehen, dass sich die Unruhe recht schnell wieder legen wird. Ihr unaufgeregter und abwartender Stil war nach dem Basta-Kanzler Schröder für viele Jahre nahezu erfrischend. Und ihr nüchternes Auftreten wurde auch erstaunlicher- und erfreulicherweise nicht als unweiblich markiert. Ganz im Gegenteil: 2011 schrieb der ehemalige Hauptstadtkorrespondent der *FAZ*, Günter Bannas, noch: »Vorbei ist die Phase der Zampanos in der Politik, in den Parteien, in den Regierungen. Vorbei sind die Zeiten der verbalen Kraftmeierei, die dem Betrieb der Medien Futter gegeben haben.«[62] Ja, Kraftmeierei kann man ihr nicht vorwerfen. Sie hat uns Bürger aber auch nicht mit einer großen Idee konfrontiert. Sie hat keine große Debatte angestoßen – und sie hätte es machen können. Ihr Aussitzen und das Nicht-Thematisieren erreichte im Wahlkampf 2017 seinen Höhepunkt – weder die Frage der Flüchtlinge und der damit verbundenen Integrationsaufgabe noch die großen Fragen rund um Digitalisierung, Wohnen oder die Zukunft der Europäischen Union wurden thematisiert, geschweige denn diskutiert. Angela Merkels Antwort auf Nachfragen war immer: »Sie kennen mich.« Wirklich?

Nicht zuletzt hierin liegt auch der Grund für die Politikverdrossenheit vieler Bürger. Angela Merkels Debattenstil passt perfekt zu ihrer Rolle als Chefin einer Großen Koalition: Die Opposition ist verhältnismäßig schwach und Kritik dementsprechend leise. Das Erstarken der AfD hat sicherlich auch damit zu tun, dass diese Partei lauter ist als der Rest des Diskurses. Sie spricht einige der Themen an, die andere versucht haben wegzumoderieren. Aus Machtkalkül und der Sorge heraus, hier Stimmen zu verlieren. Diese Strategie ging nur so lange gut, bis das entstandene Vakuum von Populisten gefüllt wurde und man sich einer Debatte gegenübersah, auf die man so nicht vorbereitet war.

Angela Merkel hat schon früher Gegenwind erfahren. Für die Menschen in Griechenland, Spanien, Italien und Portugal verkörperte sie den von der EU verordneten Sparkurs, Donald Trump hat bereits in seinem Wahlkampf verkündet, dass die deutsche Kanzlerin, oder »diese Frau«, wie er sie nannte, mit ihrer Flüchtlingspolitik ein totales Desaster angerichtet habe. Diese Attacken aus dem Ausland konnten Angela Merkels Position in Deutschland jedoch nie ernsthaft in Gefahr bringen. Sie blieb trotz aller Angriffe aus dem Ausland ruhig, und ihre Zustimmungswerte in Deutschland wuchsen an. Doch mit dem Aufstieg der AfD etablierte sich auch bei Teilen der deutschen Bevölkerung die Verknüpfung von Angela Merkel mit allem, was schiefläuft im Land. »Merkel muss weg« wurde zum einfachsten Lösungsvorschlag, der sich bei Wahlen als außerordentlich erfolgreich herausstellt. Das ist es, was die Methode Merkel ins Wanken brachte. Das bislang vorhandene Vertrauen, das die Wähler in sie setzten, ist brüchig geworden. Ihr Satz »Wir schaffen das« konnte große Teile der Bevölkerung nicht mehr erreichen. »Sie kennen mich« reicht nicht mehr aus. Die extreme Personalisierungsstrategie der studierten Physikerin geht nicht mehr auf, ihr Vertrauensvorschuss schrumpft, und sie muss sich und ihre Vorhaben mehr und besser erklären als je zuvor.

Die öffentliche Debatte war allerdings nie ihr Fall. Sie ist keine mitreißende Rhetorikerin. Ihr letztes TV-Duell gegen den SPD-Kanzlerkandidaten Martin Schulz steht exemplarisch dafür. Sie selbst sucht nicht die Attacke und sie ist sehr darauf bedacht, möglichst keine Angriffsfläche zu bieten. Das wird aber immer schwieriger. Je mehr ihr Rückhalt auch in den eigenen Reihen bröckelt, umso mehr muss Angela Merkel in die Offensive und damit auch ihre potenzielle Angriffsfläche vergrößern. Sie kann die Rolle der unangreifbaren »Mutter der Nation« zwar noch spielen, aber sie reicht nicht mehr aus.

Noch 2015 war »merkeln« einer der Favoriten bei der Wahl zum Jugendwort des Jahres. Es sollte stehen für »nichts tun, keine Entscheidung treffen, keine Äußerung von sich geben«. Es reichte am Ende nur für den zweiten Platz. Auch auf der politischen Bühne wird deutlich, dass »merkeln« alleine nicht reicht. Nach ihrem Wahlsieg 2005 – sie gewann zwar die Wahl, lag aber deutlich unter dem erhofften Ergebnis – kamen Analysten zu dem Ergebnis, dass die Deutschen von einer leidenschaftlich für Reformen kämpfenden Angela Merkel abgeschreckt gewesen seien. Nun scheint es, dass ihr die Lehren aus dieser Wahl zum Verhängnis werden.

Claudia Roth – zu emotional?

Das Gegenstück zum nüchternen, rationalen und oft beiläufigen Stil der Kanzlerin ist sicherlich Claudia Roth. Sie polarisiert über einen Zeitraum und in einem Maße, wie es vor ihr kaum jemandem in der Politik gelungen ist. Mittlerweile Vizepräsidentin des Deutschen Bundestags, ist sie insbesondere als Bundesvorsitzende der Grünen bekannt geworden. Als Parteichefin der regierenden Grünen stritt sie mit der Basis über Atommülltransporte, Kriegseinsätze und Hartz IV. Dabei zog sie nie einen Schlussstrich unter einer Debatte und verstand sich nie als Verkünderin der wahren Lehre. Auch eigene Zweifel und Bedenken kommunizierte sie stets.

Anders als bei Angela Merkel muss man bei Claudia Roth nie lange warten, bis sie sich mit ihren Positionen in Debatten einmischt. Denn seit sie in den achtziger Jahren das politische Parkett betrat, nachdem sie vorher als Managerin der Band »Ton, Steine, Scherben« tätig war, ist sie dort eine der streitbarsten Persönlichkeiten. Insbesondere ihr Debattenstil spaltet die Meinungen: Sie gilt als schrill, emotional, und wenn sie von etwas betroffen ist, dann zeigt sie dies so plakativ wie sonst niemand in der deutschen Politik. Manche schätzen ebendiese Authentizität von Claudia Roth und sehen sie als aufrichtige Streiterin für Frieden und Menschenrechte, für andere ist sie die personifizierte Nervensäge. Sie selbst sieht sich noch gerne als

Rebellin. Hätte es die Grünen nicht bereits gegeben, sie hätten für Claudia Roth erfunden werden müssen. Und vielleicht haben die Grünen sie im gleichen Maße gebraucht und tun dies bis heute. Sie ist das letzte Symbol für all das Verrückte, Unangepasste, was einst die Partei umgab. Die Erinnerung daran, dass sich die Grünen gründeten, um den Politbetrieb umzukrempeln und sich mit den alten Eliten anzulegen.

Dieser Kampfgeist ist, vielleicht abgesehen von Anton Hofreiter, bei niemandem in der Partei so stark mit der Person verknüpft wie bei Claudia Roth. Egal ob es der türkische Präsident ist oder eigene Parteifreunde, wenn Claudia Roth etwas nicht passt, dann lässt sie dies wissen – und zwar mit Leidenschaft. Dies kann bedeuten, dass sie kämpferisch an Demonstrationen teilnimmt, oder aber, dass sie uns ausführlich an ihrem Gefühlsleben nach Niederlagen teilhaben lässt. Auch als Bundestagsvizepräsidentin, als die sie eigentlich neutrale Instanz sein sollte, geht sie einen eigenen Weg. In einem Brief an die Fraktion, in dem sie ihre erneute Kandidatur als Vizepräsidentin des Deutschen Bundestages begründete, nahm sie direkten Bezug auf die AfD, gegen die sie die Demokratie verteidigen wolle. Anfang 2018 verlangte die AfD ihren Rücktritt, nachdem Roth einen offenen Brief unterzeichnete, der sich gegen einen AfD-Vorsitz des Kulturausschusses aussprach. Es wäre auch schwer vorstellbar gewesen, dass Claudia Roth ihre Streitlust mit dem Erhalt des Amtes ablegen würde.

Auch ihre Emotionalität ist ihr geblieben. Nach wie vor merkt man schnell, wenn sie etwas richtig aufregt, wenn sie sich ärgert und ihre Stimme kurz davor ist, sich zu überschlagen. Emotionen haben bei Claudia Roth immer dazugehört. Sowohl privat, aber insbesondere politisch. Wenn sie erst mal hochgefahren ist, sieht sie schnell die Demokratie in Gefahr, den Polizeistaat auf dem Vormarsch oder die Pressefreiheit bedroht. Sie ist laut und neigt dazu, sich schnell in etwas hineinzusteigern. Und damit unterscheidet sie sich von vielen politisch engagierten Frauen, die es bis ganz nach oben geschafft haben. Claudia Roth wirkt wie der Gegenentwurf zum Credo: nicht zu sehr auffallen und nicht zu viele Emotionen. Dabei ist sie eigentlich gar nicht so extrem, sondern sticht in erster Linie nur extrem heraus.

Doch ähnlich wie bei Angela Merkel scheint die Zeit dieses Stils vorbei zu sein. Die Partei hat gegen sie als Spitzenkandidatin gestimmt. Claudia Roth soll nicht mehr das Gesicht der Grünen sein, seit konservativere Kandidaten wie Winfried Kretschmann die hohen Wahlergebnisse einfahren. Denn die Emotionalität von Claudia Roth stellte immer auch ein gewisses Risiko dar. Sie kann unvorhersehbar reagieren und scheut sich auch nicht davor, quer zur Parteilinie zu stehen. Gut möglich, dass jemand wie Claudia Roth in den professionalisierten Debatten heute zu unberechenbar geworden ist.

Hillary Clinton – zu aggressiv?

2016 habe ich die US-amerikanische Präsidentschaftskandidatin Hillary Clinton während ihres Wahlkampfes für einige Wochen begleitet. Häufig wird behauptet, dass vieles, was wir im Politikbetrieb der USA beobachten können, einige Jahre später auch bei uns gang und gäbe sein wird. Was ist mir also aufgefallen, als ich so dicht an dieser Politikmaschine gewesen bin? Alle nennen wir sie bei ihrem Vornamen, Hillary. Das hat etwas Vertrautes; nach mehr als zwanzig Jahren aktiver Politik auf dem nationalen wie internationalen Parkett ist sie inzwischen in jedem Wohnzimmer zu Hause, ob in China, Australien, Indien oder Peru – man kennt sie sowohl im schlichten Kostüm an der Seite ihres Mannes als auch im Hosenanzug mit den Herrschern dieser Welt parlierend. Man kennt sie elegant und salopp, mit hochgesteckten Haaren ebenso wie mit burschikoser Kurzhaarfrisur – und ja, auch und gerade solche Stil- und Style-Fragen werden regelmäßig zum Thema.

Hillary Clinton ist ein Kaleidoskop weiblicher Lebensentwürfe im 21. Jahrhundert: kompromisslose Gefährtin, Mutter, Karrierefrau, Machtpolitikerin. Ihr Lachen: legendär. Sie hat so viel in ihrem Leben erreicht. Sie war First Lady, eine erfolgreiche Senatorin und anerkannte Außenministerin – aber die Niederlage gegen den rechtsextremen Populisten und Narzissten Donald Trump im Präsidentschaftswahlkampf 2016 wird wohl für immer das sein, woran Bürger zuerst denken.

Sie wirkt oft überprofessionalisiert und unauthentisch. Sie »spielte« die Kandidatin, stets perfekt gestylt – und mit einer über Jahrzehnte einstudierten Rhetorik. Aber ihr größtes Markenzeichen: der unbedingte und aggressive Wille zur Macht. Ihre (politische) Aggressivität war schon im Wahlkampf ihres Mannes Bill 1992 zu spüren und zieht sich wie ein roter Faden durch ihre Karriere. Und dieses Markenzeichen kam bei den Bürgern nicht an – ihr Herausforderer und jetziger Präsident der USA, Donald Trump, stand ihr in Sachen Aggressivität zwar in keinster Weise nach. Aber das wird bei Männern anders bewertet als bei Frauen. Doch selbst wenn sich Hillary Clinton menschlich, angreifbar zeigt, wird ihr ein Strick daraus gedreht. Wir erinnern uns an die Gedenkfeierlichkeiten zum Jahrestag der Angriffe auf das World Trade Center am 11. September 2016. Sie fühlte sich bei der Veranstaltung körperlich sehr unwohl, wollte in ihr Auto steigen und sackte kurz davor zusammen – sie wurde von ihrem Leibwächter gestützt ins Auto begleitet, die Bilder gingen um die Welt. Was war der Hintergrund: Hillary Clinton litt an einer Lungenentzündung, nahm starke Medikamente und diese hatten sie geschwächt. Ein gefundenes Fressen im Wahlkampf. Eine quasi unlösbare Aufgabe für Hillary: zu aggressiv geht nicht, Schwäche zeigen aber auch nicht. Eine Zwickmühle, in der sich viele politische Frauen befinden.

Fazit:
Wie man's macht, macht man's falsch?

Wie diese unterschiedlichen Beispiele zeigen, kann man keinesfalls von einem weiblichen Debattenstil ausgehen. Den einen Typ an Debattiererin finden wir genauso wenig wie den einen Typ von Debattierer. Unterschiedliche Persönlichkeiten produzieren unterschiedliche Debattenstile. Was politische Frauen von politischen Männern unterscheidet, ist der Blick, den Medien und Gesellschaft auf sie haben. Besonders deutlich wird das in der Presse (und zwar nicht nur in den Boulevardblättern). Der Blick der Medien auf Frauen in der Politik unterscheidet sich in zwei Punkten von dem auf Männer. Erstens wird nicht so häufig über sie berichtet wie über Männer. Dadurch wird die Rolle der Frauen in der Politik kleiner gemacht, als sie eigentlich ist. Zweitens stehen bei der Berichterstattung Privatsphäre und Aussehen verstärkt im Fokus. Zum

Muttertag 2016 veröffentlichte die *Berliner Morgenpost* unter dem Titel »Das Mütterkabinett« einen Artikel mit dem Thema »In Angela Merkels Regierung haben fast alle Ministerinnen Kinder. Wie bringen sie den harten Beruf und die Familie unter einen Hut?«.[63] Und auch das Äußere spielt eine deutlich hervorgehobene Rolle: »Julia Klöckner (41) hat 17 Kilo abgenommen. In nur 6 Monaten wurde aus der leicht pummeligen Polit-Lady eine schlanke und strahlende CDU-Landes- und Fraktionschefin!«, schrieb die *BILD* 2014.[64] Nicht nur indirekt wurde in dem Kapitel ihr beruflicher Erfolg mit dem Gewichtsverlust verknüpft. Das abschließende Fazit lautete: »Je höher das politische Gewicht, desto weniger auf der Waage.« Man muss wohl kaum explizit Namen nennen, um sich eine ganze Reihe von ehemaligen und amtierenden männlichen »politischen Schwergewichten« zu vergegenwärtigen, auf die diese Einschätzung sicher nicht zutrifft. Auch schwer vorstellbar, dass der Anzug von Peer Steinbrück ähnliche Diskussionen auslösen könnte wie die Kette, die Angela Merkel 2013 beim TV-Duell mit ihm trug. Plötzlich war es Meldungen wert, dass der Hersteller des Schmuckes nicht mitzähle, wie oft die Kanzlerin schon eine Kette bei ihm bestellt habe.[65] Diese Liste an teilweise geradezu abstrusen Schlagzeilen ließe sich beliebig fortsetzen.

Aber nicht nur die Medien haben einen »speziellen« Blick auf Frauen. Auch die Gesellschaft. Wo immer Frauen öffentlich Position beziehen, ihre Meinung kundtun oder Diskussionen vorantreiben, sind sie einem Blick und einer Art von Kritik ausgesetzt, wie man sie bei Männern nicht findet. Statt einer Abarbeitung an den inhaltlichen Argumenten werden Aussehen und Kleidung zum Gegenstand der Debatte erklärt, sexistische Beleidigungen ausgesprochen und mit sexualisierter Gewalt gedroht. Beim Blick in die Kommentarspalten einschlägiger Onlineportale lässt sich erahnen, wie viele Menschen es nicht akzeptieren wollen, dass Frauen politische Menschen sind und sich nicht nur auf die private Sphäre konzentrieren wollen. Das bekam sogar schon Lenelotte von Bothmer zu spüren. Nach ihrer Rede im Hosenanzug, an den Inhalt erinnert sich heute niemand mehr, bekam sie eine ganze Reihe von Briefen, in denen sie beleidigt wurde.

Es bleibt also ein steiniger Weg für politisch engagierte Frauen. Seien wir froh, dass es genügend von ihnen gibt, die diesen Weg auf sich nehmen. Wie dieses Kapitel nur ansatzweise zeigt, hätten wir sonst viele verschiedene Diskutantinnen und spannende Köpfe verpasst.

Ausblick und Ideen für eine neue Streitkultur

Der Sommer 2018 war nicht nur ungewöhnlich heiß, sondern hat auch aufgeheizte Diskussionen mit sich gebracht, die die Auseinandersetzung mit unserer Debatten- und Streitkultur auf der Agenda ganz weit nach oben gebracht haben: Der Asylstreit in der Union, die Rassismusdebatte rund um Mesut Özil, die rechtsradikalen Ausschreitungen in Chemnitz. Die Konflikte haben sich überschlagen, und die Art und Weise, wie sie geführt wurden und werden, zeigt uns eins: Es steht nicht gut um unsere Streitkultur. Wenn wir nicht aktiv handeln, dann droht sogar ihr Verlust.

Der Begriff StreitKULTUR besagt, dass wir es mit etwas zu tun haben, das nicht einfach da ist, sondern das sich entwickelt und das auch bewusst gelebt werden muss. So wie die Demokratie auch erst durch Beteiligung mit Leben gefüllt wird. Sie kann nicht in Form von Regelungen und Geboten, quasi von oben herab, vorgegeben werden, sondern muss sich situativ in den Debatten entwickeln. Wer den Streit zu sehr formalisieren möchte, ihn in ein Regelwerk zwängen will, der unterdrückt ihn. Der Streit braucht aber Freiheiten.

Viele werden jetzt sicherlich denken: »Wenn in Chemnitz der rechte Mob Menschenjagden veranstaltet und der Arm zum Hitlergruß ausgestreckt wird, ist es dann nicht zu spät, um über Streitkultur zu sprechen? Muss dann nicht der Rechtsstaat mit aller Härte durchgreifen?« Selbstverständlich.

Wer den unverhandelbaren Kern der freiheitlich-demokratischen Grundordnung verlässt, hat sein Anrecht auf ihre Vorzüge verloren. Rechtsradikalismus und Gewalt sind Ausschlusskriterien für den Dialog. Jede Gesellschaft benötigt einen unverhandelbaren Kern, um den herum sich Streit entwickeln kann. Eine gemeinsame Basis von Werten, hinter die wir nicht mehr zurückfallen. Wer versucht, den Diskurs oder gar die ganze Gesellschaft hinter diese roten Linien zurückzudrängen, muss auch als Demokratiefeind bezeichnet werden. Dann gilt es, diese Kräfte mit allen Möglichkeiten des Rechtsstaats zu bekämpfen. Man darf nicht den Fehler begehen zu versuchen, die Feinde der Demokratie in sie zu integrieren, sondern es gilt die Demokratie vor ihren Feinden zu beschützen.

Die Demokratie erlaubt es jedem von uns, sich mit seinen Forderungen am Wettbewerb der Ideen zu beteiligen. Ganz egal ob es sich dabei um den Schutz von Schrebergärten, die Erschließung der »Raumenergie« oder Yoga als Grundlage der Politik handelt (alles reale Beispiele aus Deutschland). Eine Rechtfertigung für Gewalt ist also ausgeschlossen. Gleichzeitig gilt, wer anderen seine demokratischen Rechte absprechen will, hat ebenfalls seinen Anspruch auf Teilnahme verwirkt. Dies ist der unverhandelbare Kern unserer wehrhaften Demokratie.

Um diesen demokratischen Grundkonsens herum ist in Sachen Streitkultur erst mal alles erlaubt. Weiterführende Regeln lassen sich daraus nicht ableiten, sehr wohl aber Ansprüche. Ansprüche, die von jedem Einzelnen mit Leben gefüllt werden müssen.

Erinnern wir uns an die drei Merkmale einer demokratischen Streitkultur, die am Anfang des Buches formuliert wurden:

- Debatten machen Meinungen
- Debatten sind inspirierend
- Debatten verbinden

Am Ende des Tages stehen und fallen diese drei Punkte mit den politischen Kontrahenten, die den Streit mit Leben füllen. Das beginnt damit, dass wir uns immer wieder die Frage stellen müssen: Was bedeutet Streit eigentlich für mich? Ist der Streit für mich ein Hindernis, das ich auf dem Weg zu meinem Ziel möglichst rabiat beiseiteschieben will? Oder habe ich ein Interesse daran, meine Meinung zu erklären und vor allem auch die Meinung meines Gegenübers erklärt zu bekommen? Ist der Streit für mich reine Konfrontation oder auch ein Verstehensprozess?

Wie wir festgestellt haben, lassen sich die öffentlichen Debatten in Deutschland nur selten als Verstehensprozess beschreiben. Statt einer Auseinandersetzung, im wahrsten Sinne des Wortes, mit dem Gegenüber, konzentriert man sich meist auf die eigenen Anhänger, die man fester hinter sich versammeln möchte. Das politische Gegenüber ist dann kein Diskussionspartner, sondern eine Projektionsfläche. Es geht ausschließlich darum, eine Botschaft zu senden. Neue Impulse sind sowohl unwillkommen als auch hoffnungslos.

Was muss also der Anspruch sein, wenn man eine demokratische Streitkultur pflegen möchte, die ihren Namen auch verdient?

Das beginnt noch lange vor dem Streit. Nämlich wenn wir uns eine Meinung zu einem Thema bilden. Dabei geht es mir nicht nur darum, dass diese Meinung im Idealfall auf gesicherten Fakten aus unterschiedlichen Quellen beruhen sollte, sondern insbesondere um die Haltung, die man mit ihr verbindet. Egal wie überzeugt man davon ist, dass man im Recht ist, sollte man immer einen gewissen Restzweifel beibehalten. Sich der Möglichkeit bewusst sein, dass der politische Gegner möglicherweise einen Punkt hat, über den es sich lohnt nachzudenken. Wir müssen anerkennen, dass politische Meinungen relativ sind. Wir bewegen uns nicht im Feld der Mathematiker. Die Politik kennt kein objektives Richtig oder Falsch. Deshalb können wir die Auseinandersetzungen über politische Ideen nicht als reine Entweder-oder-Entscheidungen betrachten, sondern als Sowohl-als-auch-Unsicherheiten. Mit genau dieser Haltung sollten wir uns in die Debatte begeben. Unsere Forderungen nicht als alternativlos und damit unverhandelbar präsentieren, sondern immer bedenken, dass der Gegner genauso viel Anspruch darauf hat wie wir selbst.

Verstehen Sie das bitte nicht falsch. Das bedeutet nicht, dass wir harmonisch aufeinander zugehen und uns an den Händen fassen sollen. Ganz im Gegenteil. Ich bin davon überzeugt, dass wir erst mit so einer Haltung tatsächlich streiten können. Streit, an dessen Ende kein Konsens steht, aber ein Kompromiss. Ein Streit, in dem man sich nicht nur anbrüllt, sondern in dem es auch Phasen des Zuhörens und des Fragens gibt, um am Ende Verständnis füreinander zu entwickeln. Ein Streit, in dem man seine Haltung nicht nur deutlich, sondern auch verständlich machen will.

Jetzt mag der eine oder die andere sich fragen: »Warum soll ich Verständnis für meine Konkurrenten entwickeln? Schließlich ist er ein Gegner und ich möchte meine Ziele, und nicht seine, umsetzen.« Die Antwort ist so banal wie einleuchtend: Weil wir Demokraten sind. Und als Demokraten muss das unser Anspruch sein. Egal wie verschieden unsere politischen Ansichten auch sein mögen, solange wir uns auf den gemeinsamen demokratischen Kern einigen können, gibt es etwas, das uns verbindet und dazu verpflichtet, unser Gegenüber ernst zu nehmen. Wir sind miteinander verbunden, auch wenn wir verschiedene Meinungen haben.

Lasst den Bullshit!
Für mehr Sachlichkeit im politischen Diskurs

Versuchen Verständnis zu schaffen und versuchen zu verstehen. Das haben wir gerade als Kern einer demokratischen Streitkultur identifiziert. Wie aber schafft man das? Grundvoraussetzung dafür ist ein sachorientierter und faktenbasierter Diskurs. Das ist oft gar nicht so einfach, aber etwas, das man durchaus lernen kann. Dafür spricht die auch hierzulande wachsende Zahl von sogenannten Debattierclubs. Diese stammen ursprünglich aus England und haben im angloamerikanischen Raum auch einen deutlich höheren Stellenwert als bei uns. Dort sind sie unter anderem fester Bestandteil des Sport(!)programms an Schulen und Universitäten. In Wettkämpfen tritt man gegeneinander an und versucht eine bestimmte Meinung, die nicht einmal die eigene sein muss, gegen einen Gegner zu verteidigen. Nicht nur eine tolle Übung in Sachen Rhetorik, sondern auch das ideale Feld, um zu lernen, wie man seinem Gegner mit Respekt begegnet und ihn mit Argumenten widerlegt, statt zu versuchen, ihn zum Schweigen zu bringen.

Um mit Argumenten und Fakten streiten zu können, muss man diese erst mal haben. Medien sind nach wie vor unser Fenster zur Welt und vermitteln uns die relevanten politischen Fragen und Inhalte. Damit sind unsere Debatten, zumindest indirekt, auch von der Qualität des Journalismus abhängig. Denn eine Meinung, die nicht von Fakten getragen wird, kann man zwar haben, aber als Grundlage für einen Streit ist sie nicht zu gebrauchen. Das bedeutet auch, dass Medienkompetenz fester Bestandteil unseres Bildungskanons sein muss. Digitalisierung in die Schulen zu bringen, bedeutet eben nicht nur, Smartboards an Wände zu hängen und die Grundlagen des Programmierens zu lernen. Es geht auch darum, zu lernen, wie man mit dem Informationsangebot im Web arbeiten kann. Bei der unüberschaubaren Anzahl, gerade von Onlinemedien, ist es wichtig, zu wissen, wie man eine Meldung verifizieren kann und dass es sich lohnt, Informationen von mehr als einer Quelle zu beziehen.

Dabei wird es auch darauf ankommen, Mittel und Wege zu finden, wie Medien in Filterblasen vordringen, abgeschottete Onlinediskurse aufweichen und die digitalen Meinungsghettos wieder an Fakten und gesellschaftliche Diskurse anknüpfen können. Die Medien müssen wegkommen von einem Agenda-Setting, das sich ausschließlich an der Nachrichtenwertlogik orientiert, sondern auch unabhängig davon über die Relevanz von Informationen entscheidet. Dabei geht es zum einen um die Auswahl der Themen, aber auch um die Auswahl der Akteure. Medienpräsenz sollte nicht allein davon abhängig sein, ob man möglichst steile Thesen formuliert und die Konfrontation sucht, sondern ebenso davon, ob man einer Debatte inhaltlich etwas Neues hinzufügen kann.

Auch hier muss ich Sie bitten, mich nicht falsch zu verstehen. Mehr Sachlichkeit in der Debatte bedeutet nicht weniger Leidenschaft. Denn natürlich streiten wir emotional. Immerhin geht es in der Politik darum, wie wir als Gesellschaft zusammenleben wollen. Ich plädiere auf keinen Fall dafür, dass wir möglichst viele Entscheidungen an Experten auslagern sollten, die dann vermeintlich neutral und an der Sache orientiert die besten Lösungen entwickeln. Aber um tatsächlich im (Wett-)Streit miteinander um die besten Lösungen zu ringen, benötigt man eine Faktenbasis, die die Grundlage für die Auseinandersetzung darstellt. Egal ob von Experten oder Politikern: Die Debattenkultur leidet immer darunter, wenn Entscheidungen nicht mit Argumenten, sondern nach Basta-Manier mit einem »Weil es halt so ist« begründet werden.

Streitkiller

Zu Beginn des Buches haben wir über die Fülle an Ratgeberliteratur gesprochen, die zum Thema Streit existiert. Diese Ratgeberliteratur versucht meistens Regeln aufzustellen, wie sich Paare, Familien oder Kollegen »besser« streiten können. Kann man solche Spielregeln auch für politischen Streit aufstellen? Auf keinen Fall! Was wir brauchen, ist das Grundgesetz, das uns den Rahmen liefert, was für uns als Gesellschaft diskussionswürdig ist. Ansonsten brauchen wir Respekt voreinander. Ein Maß an Respekt, dass wir jedem entgegenbringen sollten, der sich mit uns auf die Prinzipien des Grundgesetzes einigt. Mehr Spielregeln braucht es nicht. Sie sind sogar hinderlich. Die Reglementierung von Streit, Debatten und Diskussionen ist meist der Beginn vom Ende der Debatte. Dann wird nämlich nicht mehr diskutiert, sondern einfach entschieden, was gesagt werden kann und was nicht.

Ich beobachte das derzeit vor allem an Hochschulen. Insbesondere in den USA lassen sich Tendenzen erkennen, die den Streit unmöglich machen. Studierende wollen an der Universität nicht mit Ideen konfrontiert werden, die ihrem Weltbild widersprechen. Dabei besteht gerade an den Universitäten überhaupt nicht der Anspruch, von einem Autor »überzeugt« zu werden. Man soll sich mit ihm streiten. Alles kann kritisiert werden. Doch scheinbar nimmt die Lust daran ab. Statt sich argumentativ mit einem Text auseinanderzusetzen, ihn auseinanderzunehmen und zu kritisieren, will man ihn einfach ausklammern. So kann keine Debatte entstehen, obwohl eine Universität genau der Ort sein sollte, an dem so etwas passiert. Wir müssen lernen, Meinungen auszuhalten, die uns nicht passen. Statt sie einfach auszugrenzen, sollten wir uns lieber darauf konzentrieren, sie zu kritisieren.

Genauso dürfen wir es nicht zulassen, dass bestimmte Themen aus dem Diskurs herausgehalten werden. Zum Beispiel, weil wir befürchten, dass sie dem politischen Gegner nützen könnten. Wo jemand ein Problem sieht, kann auch darüber diskutiert werden. Kein Thema darf mit einem Tabu behaftet sein. Klammern wir selbst bestimmte Aspekte aus unserem Diskurs aus, eröffnen wir Dunkelkammern, in denen sich Gegendiskurse entwickeln können, auf die ein demokratischer Diskurs keinen Zugriff hat. So treiben wir den Antidemokraten die Leute ungewollt in die Arme.

Wir müssen außerdem akzeptieren, dass politischer Streit immer mit Leidenschaft verbunden ist. Wir können uns respektvoll begegnen und trotzdem emotional werden. Und ja, auch persönlich. Solange wir durch das Band der demokratischen Streitkultur verbunden bleiben, müssen wir das aushalten. Demokratie bedeutet nicht nur, sich an das Recht zu halten, sondern auch, andere Meinungen und all das auszuhalten, was sich im Rahmen des Rechts bewegt. Nur weil manchmal jemand zu weit geht, in einer hitzigen Debatte einen dummen Spruch von sich gibt oder einen Witz macht, der unter die Gürtellinie geht, sollten wir nicht sofort nach Sanktionen verlangen. Ohne eine gewisse Toleranz nähern wir uns autokratischen Strukturen an und stehen schnell selbst auf der Seite derjenigen, mit »denen man nicht diskutieren darf«.

Gleichzeitig dürfen wir aber auch nicht einen der schlimmsten Fehler der Debattenkultur begehen: die Verallgemeinerung. Respekt bedeutet nämlich auch, dass wir jeden Bürger für sich betrachten. Weiter oben haben wir uns mit Rechtspopulisten und ihren Kommunikationstechniken beschäftigt. Techniken, die die Debatte unterdrücken wollen und die daher antidemokratisch sind. Aber können wir daraus schließen, dass auch ihre Wähler antidemokratisch sind? Nicht zwangsläufig. Wir neigen dazu, Menschen, die nicht unsere Meinungen teilen, mit einem einfachen »Deine Meinung ist falsch« abzustrafen und uns anschließend nicht mehr mit ihnen zu beschäftigen. Damit verweigern wir ihnen das »Wahrgenommenwerden«, das für die Teilhabe an einer Demokratie essenziell ist. Solange Reden auf einer gemeinsamen Basis noch möglich ist, muss geredet werden. Das kann manchmal sehr anstrengend sein. Aber jemanden ernst zu nehmen, kann eben auch bedeuten, ihm vehement zu widersprechen. Wenn das Reden nicht mehr möglich ist, dann hat man sich von der Demokratie wegbewegt.

Mischt euch ein, Bürger!
Es ist EURE Demokratie

Demokratie bedeutet Veränderung. Sie hat nur Bestand, wenn sie sich ständig anpasst. Das kann sie nur, wenn die Bürger ihre Ansprüche auf Teilhabe aktiv einfordern. Demokratie bedeutete schon immer auch Arbeit. Und zwar egal ob man in sie hineingeboren wurde oder sie mit erkämpft hat. Das vielzitierte Ende der Geschichte, das der Politikwissenschaftler Francis Fukuyama nach dem Zusammenbruch des Ostblocks postuliert hat, wird nicht eintreten. Die Demokratie setzt sich nicht in dem Sinne durch, dass anschließend keine Veränderung mehr passieren wird. Die Demokratie ist kein Endzustand. Sollte das jemals der Fall sein, hat sie sich faktisch selbst abgeschafft. Sie ist ein Prozess. Etwas, das sich ständig ändert, etwas, das keine Endgültigkeit kennt, solange es Personen gibt, die sie mit Leben füllen. Hört man auf, sich einzumischen, hört auch die Demokratie auf.

Deshalb muss politische Bildung wieder einen viel größeren Stellenwert bekommen. Die demokratischen Errungenschaften müssen wieder als etwas Wertvolles verstanden werden, das keinesfalls selbstverständlich ist. Ihre Fragilität, aber vor allem ihre Stärken müssen in der Öffentlichkeit wieder viel mehr betont werden. Es ist an uns, gemeinsam eine (neue) demokratische Identität zu entwickeln, die die unterschiedlichen Konfliktlinien unserer Gesellschaft unter ihrem Dach vereint. Wir müssen wieder Lust auf Demokratie bekommen. Vergessen wir ihre Vorzüge oder nehmen sie als gegeben hin, dann kann sie schnell zu etwas werden, das einen nervt. Denn sie fliegt einem nicht zu, sondern muss aktiv betrieben werden.

Man muss sich Informationen beschaffen, eine Meinung bilden und sich wenigstens alle paar Jahre an einer Wahl beteiligen. Das ist eigentlich nicht viel verlangt für all die Rechte, Freiheiten und Sicherheiten, die uns unsere Demokratie gewährleistet. Vielleicht ist es sogar zu wenig. Nämlich so wenig, dass wir begonnen haben, demokratische Errungenschaften als Selbstverständlichkeit wahrzunehmen. Wir betrachten Demokratie weniger als Aufgabe, sondern als etwas, auf das wir einfach einen Anspruch haben. Was wir dabei vergessen: Man muss auch selbst für die eigenen Interessen einstehen. Statt Politik motzend zu konsumieren, muss man aktiv an ihr teilnehmen. Der deutsche Außenminister Heiko Maas hat das in einem Interview mit der *BILD am Sonntag* im September 2018 folgendermaßen zusammengefasst: »Da müssen wir dann auch mal vom Sofa hochkommen und den Mund aufmachen. Die Jahre des diskursiven Wachkomas müssen ein Ende haben.«[66]

Recht hat er. Zu einer demokratischen Streitkultur gehört das Einmischen genauso dazu wie das Aushalten von anderen Meinungen. Es braucht beides. Wir haben viel von der integrativen Kraft von Streit und Debatten gesprochen. Nur wer sich im Diskurs gehört fühlt, kann später einen Kompromiss akzeptieren, der mit seiner Meinung nicht deckungsgleich ist. Bei allen widersprüchlichen Positionen ist es am Ende der Streit, der den gesellschaftlichen Kitt liefert. Und derzeit haben wir ihn nötiger denn je.

Der Trend geht hin zum »Match«. Egal ob Datingplattform, Jobbörse oder Facebook, sie alle liefern uns »Matches«. Also Personen, die bestimmte Eigenschaften, Ansichten oder Interessen mit uns teilen. Wie viele von uns können behaupten, dass sie im Freundeskreis auch nur eine

Person haben, mit der sie nicht in so gut wie allem übereinstimmen? Wohl kaum jemand. Warum eigentlich nicht? Bequemlichkeit? Harmoniebedürfnis? Ich kann es Ihnen nicht beantworten, bin mir aber sicher, dass sowohl jeder Einzelne als auch wir als Gesellschaft dadurch etwas verlieren. Erfrischend daher, dass verschiedene große Medien zum wiederholten Male das Format »Deutschland spricht« durchführen. Man beantwortet ein paar kurze Fragen und bekommt anschließend einen Gesprächspartner zugewiesen, der diese Fragen gegenteilig beantwortet hat. Anschließend setzt man sich zusammen und spricht darüber. Toll! Während man überall nach »Matches« sucht, liefert das Format »Mismatches«. Der Ertrag kann dabei deutlich größer sein. Die Resonanz im Zuge des Projektes ist durchweg positiv. Ich kann Ihnen nur raten, sich einmal die Zeit zu nehmen und die Erlebnisberichte einiger Teilnehmenden zu lesen. Das macht, bei allem sonstigen Grund zur Sorge, Hoffnung: »Wir sind uns nicht einig, aber wir verstehen uns prima. Und im normalen Leben wären wir uns nie begegnet«, so der Kommentar eines Teilnehmers.[67] Wir bringen uns bei, uns mit anderen Meinungen auseinanderzusetzen. Wenn wir die positiven Impulse, die so ein Format setzen kann, jedoch nicht über einen längeren Zeitraum bewahren, nützt uns das alles nichts. Die Fähigkeit zum demokratischen Streit steckt in jedem von uns. Wir müssen sie aber aktiv nutzen. Eine Fähigkeit, die wir auch in der nahen Zukunft benötigen werden.

Flucht- und Migrationsbewegungen haben in den letzten Jahren zu einem enormen Bevölkerungszuwachs geführt. Das »Mischt euch ein« darf daher nicht nur für die »Einheimischen«, sondern gerade auch für die Migranten gelten. Sie prägen unsere Gesellschaft, verändern sie und sind Teil von ihr. Das alles funktioniert nicht ohne einen respektvollen und offenen Prozess, in dem gemeinsam ausgehandelt werden kann, wie diese Veränderung vonstatten gehen wird. Vielleicht brauchen wir bald nicht mehr nur Preise für Beiträge zum Frieden, sondern auch einen zur Förderung von demokratischem Streit.

Wir alle müssen in der Debattenkultur lernen, einen Spagat auszuhalten, das heißt die gegnerische Meinung nicht nur wertzuschätzen, sondern gleichzeitig die harte Auseinandersetzung zu suchen. Wenn uns das gelingt, dann können wir von einer demokratischen Streitkultur sprechen.

Anmerkungen

1 https://www.nytimes.com/interactive/2016/01/28/upshot/donald-trump-twitter-insults.html#the-letter-C

2 https://www.youtube.com/watch?v=jrnRU3ocIH4

3 http://www.spiegel.de/politik/deutschland/deutschland-zwei-drittel-beklagen-rechtsruck-und-verrohung-a-1220477.html

4 So die Abgeordnete Sevim Dağdelen in ihrem Redebeitrag. Dağdelen, Sevim (2018): Rede im Deutschen Bundestag, 28. 02. 2018; http://dipbt.bundestag.de/dip21/btp/19/19016.pdf; S. 1347

5 Dahrendorf, Ralf (1961): Gesellschaft und Freiheit. Zur soziologischen Analyse der Gegenwart; München: Verlag R. Pieper & Co; S. 124.

6 Simmel, Georg (1908): Soziologie – Untersuchungen über die Formen der Vergesellschaftung, S. 186. Abgerufen am 05. 07. 2018 unter: http://socio.ch/sim/soziologie/soz_4.htm

7 Dahrendorf, Ralf (1965): Gesellschaft und Demokratie in Deutschland; München: Verlag R. Pieper & Co; S. 161.

8 http://www.bti-project.org/en/home/

9 Dahrendorf, Ralf (1965): Gesellschaft und Demokratie in Deutschland; München: Verlag R. Pieper & Co; S. 163.

10 http://www.taz.de/!5399011/

11 https://www.zeit.de/kultur/2018-06/alexander-wrabetz-orf-mitarbeiter-politische-kritik

12 Jan-Werner Müller (2016): Was ist Populismus? Ein Essay; Berlin: Suhrkamp Verlag.

13 Frankfurt, Harry (2005): On Bullshit; Princeton: Princeton University Press.

14 Scharloth, Joachim (2017): Ist die AfD eine populistische Partei? Eine Analyse am Beispiel des Landesverbandes Rheinland-Pfalz. In: Aptum, 1/2017.

15 https://www.youtube.com/watch?time_continue=160&v=jG1Nw3s3jzA

16 https://www.tagesschau.de/inland/wahl-bayern-133.html

17 https://www.tagesspiegel.de/politik/politbarometer-nur-afd-waehler-wollen-seehofer-mehrheitlich-als-minister/22799154.html

18 https://www.sueddeutsche.de/wirtschaft/mietpreisbremse-entwurf-barley-1.4051441

19 https://www.infratest-dimap.de/umfragen-analysen/bundesweit/ard-deutschlandtrend/2018/juli/

20 https://www.ibb.de/media/dokumente/publikationen/volkswirtschaft-liche-publikationen/berlin-fokus/ausgaben-2018/berlin-fokus-immo-bilienmarkt.pdf

21 https://www.berliner-zeitung.de/politik/spd-kampagne-gegen-lomp-scher-linke-bausenatorin-soll-amt-abgeben-30946030

22 https://www.berliner-kurier.de/berlin/kiez--stadt/die-lompscher-ver-schwoerung-30946194

23 https://www.infratest-dimap.de/umfragen-analysen/bundeslaender/berlin/sonntagsfrage/

24 https://www.bipar.de/aus-fehlern-lernen/

25 https://www.tagesspiegel.de/politik/endlagerkommission-kompromiss-auf-500-seiten/13801106.html

26 https://www.bundestag.de/blob/434430/bb37b21b8e1e7e049ace5-db6b2f949b2/drs_268-data.pdf

27 https://www.zeit.de/wirtschaft/2016-07/atommuell-endlagerung-deutschland-bundestag-bundesrat-kommission-bericht

28 So die Abgeordnete in ihrem Redebeitrag vor der Abstimmung. Eilers, Elfriede (1974): Rede im Deutschen Bundestag, 26. 04. 1974; http://dip21.bundestag.de/dip21/btp/07/07096.pdf; S. 6470.

29 Senta Berger im 2011 erschienen Dokumentarfilm *Wir haben abge-trieben – Das Ende des Schweigens* von Birgit Schulz, Annette Zin-kant.

30 Vogel, Bernhard (1974): Rede im Deutschen Bundestag, 26. 04. 1974; http://dip21.bundestag.de/dip21/btp/07/07096.pdf; S. 6474.

31 Vogel, Bernhard (1974): Rede im Deutschen Bundestag, 26. 04. 1974; http://dip21.bundestag.de/dip21/btp/07/07096.pdf; S. 6476.

32 https://www.deutschlandfunk.de/streit-um-paragraf-219a-soll-wer-bung-fuer-abtreibung.862.de.html?dram:article_id=410877

33 CDU Politikerin Winkelmeier-Becker in: https://www.deutschland-funk.de/streit-um-paragraf-219a-soll-werbung-fuer-abtreibung.862.de.html?dram:article_id=410877

34 Im Interview mit der Tageszeitung Die Welt. https://www.welt.de/politik/deutschland/article111955344/Dieses-Gesetz-kann-lebensge-faehrlich-sein.html

35 http://www.spiegel.de/politik/deutschland/sterbehilfe-cdu-mann-peter-hintze-mit-vorstoss-gegen-eigene-partei-a-985209.html

36 So die Abgeordnete Renate Künast in ihrem Redebeitrag. Künast, Renate (2015): Rede im Deutschen Bundestag, 06. 11. 2011; http://dip21.bundestag.de/dip21/btp/18/18134.pdf; S. 13074

37 https://www.handelsblatt.com/politik/deutschland/bericht-bundeswehr-waffensysteme-weisen-erhebliche-maengel-auf/21011248.html?ticket=ST-999433-MCgXdM1M0nDIgIbxrViX-ap5

38 So der Finanzminister Olaf Scholz in seinem Redebeitrag im Bundestag anlässlich des Haushaltsentwurfs 2018. Scholz, Olaf (2018): Rede im Deutschen Bundestag, 15. 05. 2018; https://www.bundesfinanzministerium.de/Content/DE/Reden/2018/2018-05-15-Entwurf-des-Haushaltsgesetztes-2018.html

39 https://www.spd.de/fileadmin/Dokumente/Koalitionsvertrag/Koalitionsvertrag_2018-2021_Bund_final.pdf

40 So der Abgeordnete Guido Westerwelle in seinem Redebeitrag. Westerwelle, Guido (2008): Rede im Deutschen Bundestag, 15. 10. 2008; http://dipbt.bundestag.de/doc/btp/16/16182.pdf; S. 19352

41 Ebenda

42 So Bundestagspräsident Norbert Lammert im Vorfeld der Aussprache. Lammert, Norbert (2008): Rede im Deutschen Bundestag, 15. 10. 2008; http://dipbt.bundestag.de/doc/btp/16/16182.pdf; S. 19352

43 So Bundesfinanzminister Peer Steinbrück in seinem Redebeitrag. Steinbrück, Peer (2008): Rede im Deutschen Bundestag, 15. 10. 2008; http://dipbt.bundestag.de/doc/btp/16/16182.pdf; S. 19354

44 Vgl. Lippmann, Walter, »Public Opinion«, New York, 1922

45 Vgl. Chadwick, Andrew (2017): The Hybrid Media System: Politics and Power; Oxford: Oxford University Press.

46 Pörksen, Bernhard (2018): Die große Gereiztheit – Wege aus der kollektiven Erregung; München: Carl Hanser Verlag, S. 7.

47 http://www.journalism.org/2018/05/14/in-western-europe-public-attitudes-toward-news-media-more-divided-by-populist-views-than-left-right-ideology/

48 https://reutersinstitute.politics.ox.ac.uk/sites/default/files/digital-news-report-2018.pdf

49 https://www.cicero.de/kultur/debattenkultur-hass-trolle-kommentar-spalten

50 https://www.welt.de/fernsehen/article12889325/Lammert-kritisiert-die-Fuelle-von-Politik-Talkshows.html

51 https://www.otto-brenner-stiftung.de/fileadmin/user_data/stiftung/02_Wissenschaftsportal/03_Publikationen/AH68_Talkshow_2011_08_15.pdf

52 https://www.zeit.de/kultur/film/2018-06/ard-zdf-talkshows-kultur-rat-qualitaet-pause

53 Orwell, George (1950/1973): Neunzehnhundertvierundachtzig; Zürich: Diana Verlag, S. 80.

54 http://www.manager-magazin.de/unternehmen/karriere/frauen-index-vorstaenden-ey-studie-zaehlt-50-frauen-und-636-maenner-a-1186921.html

55 https://www.ksta.de/politik/deutscher-frauenrat-die-debattenkultur-im-bundestag-wird-sich-aendern-28826214#

56 https://www.wiwo.de/politik/deutschland/mindestlohn-nahles-rastet-aus/20051314.html

57 https://www.youtube.com/watch?v=S4TV06TyzO8

58 https://www.cicero.de/innenpolitik/liste-der-500-guenter-grass-und-alice-schwarzer-spitze/52978

59 Wehler, Hans-Ulrich (2007): Eine Lanze für Schwarzer, https://www.aliceschwarzer.de/artikel/prof-hans-ulrich-wehler-eine-lanze-fuer-schwarzer-2007-264749

60 https://www.emma.de/artikel/pressemitteilung-2782013-allensbach-umfrage-311654

61 Weidenfeld, Ursula (2017): Regierung ohne Volk – Warum unser politisches System nicht mehr funktioniert; Berlin: Rowohlt Verlag.

62 http://www.faz.net/aktuell/politik/inland/die-methode-merkel-eine-neue-form-des-charismas-1627504.html

63 https://www.morgenpost.de/politik/article207540067/Das-Muetterkabinett-So-leben-Ministerinnen-mit-Kindern.html

64 https://www.bild.de/regional/frankfurt/julia-kloeckner/hat-17-kg-abgenommen-34366400.bild.html

65 https://www.n-tv.de/panorama/Hier-bestellt-Merkel-ihren-Halsschmuck-article19660817.html

66 https://www.bild.de/bild-plus/politik/inland/politik-inland/aussenminister-heiko-maas-wir-muessen-gesicht-zeigen-gegen-neonazis-57009854,view=conversionToLogin.bild.html

67 https://www.sueddeutsche.de/politik/deutschland-spricht-wandel-durch-annaeherung-1.4142305

Anne Dufourmantelle
Lob des Risikos
Ein Plädoyer für das Ungewisse
315 Seiten. Gebunden
ISBN 978-3-351-03732-1
Auch als E-Book erhältlich

»Das Risiko ist der alles entscheidende Augenblick.« Anne Dufourmantelle.

Im Risiko, im Unvorhersehbaren liegt eine ungeahnte Kraft. Wenn wir etwas wagen, ohne zu wissen, wo es uns hinführt, können wir nur gewinnen: Handlungsräume, Kreativität und Selbstbestimmung. Das größte Risiko unseres Lebens ist und bleibt die Liebe. Die Philosophin und Psychoanalytikerin Anne Dufourmantelle hat stets nach dieser Maxime gelebt. Als sie im Sommer 2017 zwei Kinder vor dem Ertrinken rettete, hat sie ihr eigenes Leben riskiert – und verloren. Dieses Buch ist ihr Appell, die Fenster aufzureißen, um das Ungewisse in unser Leben zu lassen.

»Ihre Worte, ihre Intelligenz, ihre Sanftheit werden uns fehlen, weil sie uns halfen, das Risiko einzugehen, sich anderen und der Welt gegenüber zu öffnen.« LIBÉRATION

»In ihren Arbeiten verband Dufourmantelle auf vornehmste Art philosophisches Denken mit gesellschaftlicher Realität.« SÜDDEUTSCHE ZEITUNG

Micah White
Die Zukunft der Rebellion
Eine Anleitung
320 Seiten. Gebunden
ISBN 978-3-351-05049-8
Auch als E-Book erhältlich

»Nahezu alles Gute in dieser Welt ist das Ergebnis von Protesten und harten Kämpfen.«

Micah White, Mitbegründer von Occupy Wall Street, schreibt schonungslos selbstkritisch über seine Zeit in der aktiven Protestszene und zieht eine Bilanz der internationalen Protestgeschichte.
Dabei stellt er fest: Protest allein kann Regierungen weder zum Zuhören noch zum Handeln zwingen. Wir brauchen eine neue Form der Rebellion. Wie das funktionieren kann, beschreibt Micah White rasant und eindrucksvoll in seinem Buch. Er liefert konkrete Strategien und Taktiken für eine erfolgreiche, weltweite Revolution. Seine Anleitung ist ein leidenschaftlicher Appell an alle Aktivisten der Zukunft.

»Micah White ist ein Stratege, eine neue Art Revolutionär.« ANDY MERRYFIELD.

»Viele Bücher sagen uns, warum wir protestieren sollen, dieses Buch sagt uns, wie.« J. B. MACKINNON.

Regelmäßige Informationen erhalten Sie über unseren Newsletter. Jetzt anmelden unter: www.aufbau-verlag.de/newsletter